PRÉCIS D'HISTOIRE

DE LA

FINANCE FRANÇAISE

DEPUIS

SES ORIGINES JUSQU'A NOS JOURS

PAR

VICTOR CANON

EN VENTE

CHEZ L'AUTEUR, 22, RUE SAINT-MARC, PARIS

1905

DÉPOSÉ

PRÉCIS D'HISTOIRE

DE LA

FINANCE FRANÇAISE

PRÉCIS D'HISTOIRE

DE LA

FINANCE FRANÇAISE

DEPUIS

SES ORIGINES JUSQU'A NOS JOURS

PAR

VICTOR CANON

EN VENTE

CHEZ L'AUTEUR, 22, RUE SAINT-MARC, PARIS

—

1905

PRÉFACE

Par goût autant que par profession je me suis toujours consacré aux questions financières et, tout en étudiant les origines de nos fonds publics et les usages ou pratiques de la Bourse, j'ai eu souvent la curiosité de remonter vers des temps plus lointains et de connaître le passé de nos institutions de finances publiques ou privées.

Dès longtemps, au cours de mes lectures et de mes recherches, j'ai pris des notes ou consigné des observations, sans penser que ces extraits de divers ouvrages, joints à quelques remarques de mon expérience et accompagnés parfois de courtes réflexions, pussent présenter de l'intérêt pour d'autres que pour moi, qui me plaisais à les relire de temps en temps; mais des amis sous les yeux desquels mes cahiers sont tombés par hasard m'ont fait observer qu'il s'y trouvait tout un résumé d'une histoire de la finance française et m'ont engagé à les arranger et à les publier. Comme je m'en défendais, ils m'ont rappelé que j'avais souvent exprimé devant eux l'idée qu'on devrait enseigner à nos jeunes gens, dans les écoles, l'histoire de la finance française : « Donnez-la leur, cette histoire, me dirent-ils, si vous voulez qu'ils l'apprennent... »

Contre cet argument *ad hominem*, je ne pouvais alléguer des occupations pourtant bien absorbantes, puisqu'on me prouvait que le travail était plus qu'aux trois quarts fait et qu'il ne me restait, pour que le livre fût fini, qu'à placer mes notes dans l'ordre chronologique et à les partager en chapitres. J'ai cédé à d'aimables instances. J'ai coordonné et complété mes notes; j'ai comblé çà et là une lacune; j'ai retranché, ajouté, unifié la forme en supprimant ici un détail trop prolixe, en développant ailleurs un passage trop succinct. Et voici comment je me suis trouvé avoir écrit une histoire de la finance, à peu près comme M. Jourdain faisait de la prose, sans y avoir pensé.

Auteur d'un *Manuel des Opérations de Bourse* auquel j'ai donné mon nom [1], je ne prétends, en offrant ce nouvel ouvrage au public, ni au titre d'écrivain, ni à celui d'historien. S'il était permis de parler de fleurs en un sujet si austère, je dirais comme Montaigne : « J'ay seulement faict icy un amas de fleurs estrangières, n'y ayant fourny du mien que le filet à les lier. »

Tel qu'il est, mon modeste livre ne sera lu peut-être ni sans intérêt ni sans fruit.

On y trouvera groupés en un seul volume des faits qu'il faudrait chercher, éparpillés dans une multitude d'auteurs.

Il pourra être utile non seulement au financier à qui il n'est pas indifférent d'éclairer le présent, par la leçon du passé; mais à tous ceux qui se plaisent à connaître nos annales françaises. Ils y verront les ressorts cachés et les mobiles de plus d'un événement, d'une circonstance ou d'un acte que l'histoire ordinaire n'a pas toujours suffisamment élucidés et expliqués.

Ce livre sera surtout profitable, je le crois, aux élèves de nos écoles de commerce et d'industrie. C'est à eux que je le dédie particulièrement; c'est à eux que j'ai songé en donnant à l'impression des extraits de mes lectures financières.

Il est opportun qu'ils apprennent de bonne heure à discerner

(1) Le « MANUEL-CANON », en vente chez l'Auteur, 22, rue Saint-Marc, à Paris.

le fond des choses sous l'idéalisme de la surface. C'est ainsi que l'on formera des esprits nets, précis et clairvoyants qui sauront dégager la réalité de ses apparences.

Je ne méconnais ni la grandeur ni la noblesse des hautes aspirations et des magnifiques désintéressements qu'on rencontre en bien des pages de notre histoire nationale; mais, s'il faut se souvenir que l'homme ne vit pas seulement de pain, il ne faudrait pas oublier non plus qu'il a aussi cependant besoin de pain, et notre éducation française a trop négligé parfois la notion des faits positifs, la vue des moyens pratiques et la recherche des résultats.

Précisément pour défendre le patrimoine intellectuel et moral que nous ont légué nos pères, il importe de mettre nos fils en état de soutenir la concurrence contre des races mieux habituées à défendre la solidité de leur jugement contre les surprises du sentiment et les erreurs de l'imagination.

C'est à quoi contribuera l'histoire de la finance, en leur montrant que les affaires de ce monde ne doivent pas être conduites par ce qu'on a appelé la politique de la phrase.

Saint-Just disait un jour à la Convention : « Le monde est vide depuis les Romains. » Il voulait dire par là qu'on n'avait pas vu sur la terre, depuis l'antiquité, de ces grands caractères comme ceux que nous décrit l'histoire, de ces âmes héroïques et sublimes qu'inspiraient seulement l'amour de la gloire et le culte de la vertu.

En considérant des temps plus rapprochés de lui, Saint-Just voyait le jeu des intérêts dans la politique, tandis qu'à la distance où lui apparaissait l'époque romaine, il lui était loisible de croire que les Romains n'avaient été conduits dans toutes leurs entreprises que par le plus pur idéalisme.

Il eût été bien étonné d'apprendre, comme l'a découvert la science historique moderne, que la plupart de leurs expéditions guerrières avaient un but commercial, poursuivi beaucoup moins en vue de la grandeur du nom romain, que pour des avantages très matériels, par les capitalistes de la classe des chevaliers [1].

L'ordre équestre constituait à Rome un véritable syndicat de financiers, un *trust*, comme on dirait maintenant.

C'est lui qui influait sur les décisions du Sénat en l'intéressant à ses spéculations ; il prêtait aux municipalités et aux alliés du peuple romain, affermait les impôts, souscrivait aux emprunts, exploitait les mines et entreprenait les travaux publics des pays nouvellement réduits en provinces de l'Empire.

Les plus illustres défenseurs de la liberté eux-mêmes ne dédaignaient point de faire valoir habilement leurs capitaux. Le pauvre roi de Cappadoce, Ariobarzane, devait à Pompée un intérêt annuel de plus de 2.300.000 francs et à Brutus un intérêt de 600.000 francs au moins.

Rome a été en son temps ce que Londres est de nos jours, le grand marché des valeurs de l'univers. C'est là une allégation qui semble bien paradoxale et qui n'en est pas moins vraie. L'étonnement qu'elle nous cause suffit à démontrer l'erreur commise dans l'enseignement de l'histoire qui ne s'est jamais occupée que des guerriers et des politiques, sans songer à un des plus importants facteurs dans la préparation des événements : les questions économiques et financières.

Ainsi mutilée et tronquée, réduite à des effets dont on n'indique pas les causes, à des contingences dont on ne montre pas le lien entre elles, l'Histoire ne met dans les esprits que des notions fausses, parce qu'elles sont incomplètes. Les faits qu'elle raconte ont beau être exacts, ils n'offrent qu'une image trompeuse à qui les voit séparés des circonstances qui les ont produits.

(1) L'ordre équestre comprenait, au temps de Cicéron, tout citoyen qui, sans faire partie du Sénat, possédait au moins 400.000 sesterces (88.000 francs).

Le même Saint-Just et ses amis de la Convention voulaient refondre la société française sur le modèle mensonger du monde antique, tel qu'ils le concevaient d'après leurs connaissances imparfaites; faute de savoir que Rome avait eu des financiers, ils firent la guerre à ce qu'ils appelaient l'aristocratie mercantile; ils fermèrent la Bourse, prononcèrent la dissolution des sociétés financières et projetèrent même de ne plus permettre qu'aux communes d'exercer un commerce quelconque.

Cet exemple de l'aberration où entraîne un contre-sens historique, témoigne assez de la nécessité de rendre aux financiers la part légitime et indispensable qui leur revient dans l'histoire de tous les peuples.

En France, comme à Rome, leur influence a été considérable et l'on peut s'en rendre compte à l'animosité que les gens de cour et la caste des guerriers ont toujours manifestée contre eux.

La liste des victimes qu'a faites la jalousie des nobles parmi les argentiers, les trésoriers et les surintendants des finances est longue depuis Enguerrand de Marigny jusqu'à Fouquet. C'est que nos financiers français ne se sont pas contentés de s'enrichir obscurément en fournissant au Trésor royal des fonds dont il avait besoin pour ses entreprises guerrières; leur luxe et leurs prodigalités excitaient à la fois le dépit et la convoitise des seigneurs.

La vanité, qui les fit rivaliser de magnificence avec les plus grands princes, n'en a pas moins contribué aux progrès de la civilisation et au développement des arts et des lettres, dont ils ont été les protecteurs.

Leur action s'exerça aussi dans l'ordre social, où ils détruisirent peu à peu les barrières qui séparaient les anciennes castes. Les salons des fermiers généraux devinrent un terrain neutre où l'aristocratie de naissance se rencontra avec celle de l'intelligence; sauf un ou deux hôtels du Marais, les gens d'esprit, sous Louis XIV, ne fréquentaient guère qu'au cabaret. Au XVIIIe siècle, les financiers introduisirent dans la bonne compagnie les écrivains et les artistes, qu'ils mirent sur le pied de l'égalité avec les gentilshommes, qui étaient aussi leurs commensaux et souvent leurs obligés.

Notre société moderne est le résultat de cette fusion.

INTRODUCTION

Les Origines de la Finance

La Banque est une dérivation du commerce des métaux, qui s'exerçait dès la plus haute antiquité, en Asie, en Assyrie, dans l'Inde, en Extrême-Orient.

En Egypte, il était pratiqué au moyen de lingots en forme de briques, dont le poids était vérifié par des officiers publics.

Les Lydiens passent pour avoir frappé les premières monnaies. L'histoire a conservé le souvenir des richesses de leur roi Crésus et du Pactole aux paillettes d'or qui arrosait Sardes, leur capitale.

A Rome, la monnaie était fabriquée dans le temple de *Junon Moneta* (Junon monitrice ou avertisseuse, parce qu'elle avait annoncé un tremblement de terre). C'est de là que vient notre mot de *Monnaie.*

Les pièces grecques portaient l'empreinte des attributs symboliques de chaque ville ou de chaque pays : pour Athènes, une chouette; pour Delphes, un dauphin; pour la Béotie, un Hercule ou un Bacchus, etc...

Chez les Romains, on voyait, sur les premières monnaies frappées, la figure d'un bélier, pour indiquer probablement qu'elle était l'équivalent d'une partie de troupeau, les premières valeurs d'échange ayant été des bœufs et des moutons. C'est ainsi que le mot latin *pecunia*, monnaie, venait de *pecus*, troupeau.

Il y a lieu de croire que la monnaie existait dans le monde asiatique bien avant d'avoir été imaginée par les Lydiens.

Plus de deux mille ans avant Jésus-Christ, il y avait des banquiers en Chine et l'on conserve au Musée Britannique de Londres des tablettes d'argile cuites, qui sont des reçus, des lettres de change et des reconnaissances d'une maison de banque de Babylone.

Les banquiers se nommaient trapézistes en Grèce, de *trapeza*, table, de même qu'à Rome ils étaient des mensarii, de *mensa*, table. C'est le même terme *banco*, signifiant également table, tréteau, banc, qui a servi à désigner les Bancarii, banquiers, en Italie.

L'histoire romaine nous raconte les démêlés financiers des patriciens et des plébéiens. Les premiers paraissent avoir été des fénérateurs inexorables qui pressuraient la plèbe de Romulus. On dut limiter à 10 % le taux des prêts; puis l'on en vint à interdire complètement le trafic de l'argent par la loi *gœnuccia*, qui était trop contraire à la nature des choses pour ne pas tomber bientôt en désuétude.

L'intérêt de 12 % fut autorisé par un sénatus-consulte de l'an 701; mais il n'était pas le taux usuel qui variait le plus généralement de 4 à 8 aux dernières années avant les guerres civiles qui précédèrent l'établissement de l'empire.

Les Césars, qui consacrèrent la victoire de la démocratie sur le parti républicain des patriciens, fondèrent des institutions de crédit populaire. Une Banque de prêt à titre gratuit fut ouverte sous Tibère. Elle était au capital de 100 millions de sesterces (1)

(1) 18 millions de francs. Dans l'origine, le sesterce (*sestercius*, qui contient deux et demi) avait valu deux as et demi; il en valut ensuite quatre. *As* voulait dire unité; un as qui équivalait d'abord à 8 centimes, ne représenta plus tard que 5 centimes.

et faisait dix-huit mois de crédit contre un nantissement d'une valeur double en immeubles. A l'époque des Antonins, il y eut des banques qui prêtaient sans gage à 4 % aux indigents.

L'intérêt moyen et ordinaire était alors de 5 à 6%.

Constantin régla le taux du prêt en nature dans les campagnes à 50 % et Justinien fixa une échelle de prix, d'après la position du prêteur et de l'emprunteur. Les grands n'avaient pas le droit d'exiger un intérêt aussi élevé que les gens de métier, et on ne pouvait prêter aux laboureurs à plus de 5 %.

La loi judaïque défendait le prêt à intérêt entre membres de la communauté juive. Cette interdiction fut reprise par le christianisme et étendue à toute la chrétienté.

Elle fut confirmée en France par le pouvoir civil et il en résulta qu'aucun sujet du Royaume ne put pendant longtemps se livrer au commerce de l'argent, qui fut abandonné à des étrangers, Juifs ou prêteurs venus d'Italie, où la défense de l'intérêt était moins sévèrement appliquée que chez nous.

Les banques de l'Italie antique paraissent s'être conservées sans interruption dans l'Italie du Moyen-Age. Comme dans l'ancienne Rome, où la *mensa* des banquiers se dressait sur le Forum, les changeurs florentins se tenaient en pleine rue, assis devant leur petite table que couvrait un tapis vert et sur laquelle ils essayaient la monnaie qu'on leur présentait en la frottant sur la pierre de touche où elle devait laisser une marque bien nette.

Nombreuses étaient les pièces en circulation dans les grandes villes de commerce; il y en avait de tous les pays et de tous les temps, car l'argent avait alors une longévité qu'il a perdue de nos jours. Le change subissait des variations très fortes. Celui de la monnaie d'argent en or en comportait qui allaient de 2 à 12 1/2. Les idées n'ont pas manqué, à cette époque, sur la manière d'utiliser l'argent. Quelques opérations financières se sont faites de tous temps sous d'autres noms. « Quand un chanoine de Bourgogne, sur le point de partir pour l'Italie, contracte une obligation de 100 livres au profit d'un grand seigneur, en retour d'une lettre de change *en blanc* qui lui servira à emprunter en cour de Rome et ailleurs, le prince qui délivre ce billet en blanc émet une vraie monnaie fiduciaire dont la valeur est proportionnée à son crédit personnel » (1260) (1). Les villes d'Italie n'eurent d'abord pas de Bourse publique; mais chaque commerçant avait sa loge, galerie couverte qui régnait autour de sa maison et où il réunissait ses confrères et ses clients pour traiter d'affaires et fixer le prix des marchandises.

Le mot de *Loggia* désigna, par la suite, en Italie, les Bourses publiques, et la Bourse de Gênes porte encore ce nom (2).

A Florence, financiers et commerçants se rencontrèrent par la suite au Mercato Nuovo. C'était là aussi qu'on exécutait les faillis. L'adage primitif voulait que le débiteur payât son créancier en argent ou en chair, *in pecuniâ aut in cute*. On avait adouci la rigueur de la sentence. Au couteau de Shylock, on avait substitué une cérémonie infamante à laquelle les insolvables devaient se soumettre pour se délivrer des poursuites de leurs créanciers. Les sergents les asseyaient trois fois à nu sur une borne du marché appelé *lapis vituperii*.

Le doge Mocenigo mourant, faisait à quelques sénateurs, réunis autour de son lit, la statistique de l'Etat de Venise. La dette publique, après le remboursement de 4 millions de ducats, empruntés à l'occasion d'une guerre, s'élevait encore à 6 millions. Le numéraire en circulation pour les besoins du commerce formait une somme de 10 millions, produisant 4 millions par an.

(1) Vicomte Georges d'Avenel, *La Fortune privée à travers sept siècles*.

(2) L'ancienne Bourse de Marseille, jusqu'à la construction du bâtiment actuel, s'appelait aussi la Loge.

C'était bien plus l'économie de la richesse que la richesse elle-même qui avait fait de l'Italie le centre du mouvement financier de l'Europe. La Cour de Rome, qui recevait des fonds du monde entier, avait donné l'exemple de faire voyager les valeurs par une sorte de commerce de banque. Elle trouva bientôt des imitateurs. Les lettres de change circulaient déjà en Italie au commencement du XIIe siècle. Le système du crédit public avait été découvert et appliqué à Venise dès 1156, par l'établissement des banques d'Etat.

La fameuse banque de Saint-Georges était fondée à Rome un peu plus tard et se maintenait à travers toutes les révolutions de la turbulente cité, dont on a pu dire qu'elle fut la seule institution durable. A la fin du XVe siècle, elle émettait une monnaie représentative sous forme de jetons de verre appelés « loquis », qui avaient cours dans tout le midi de la France, particulièrement en Languedoc.

Des Florentins, des Gênois escomptaient dans toutes les grandes villes de l'Europe. La Compagnie de Jacopo des Alberti de Florence, avait des succursales à Bruxelles, Bruges, Paris, Venise, Sienne, Pérouse, Rome, Barletta, Constantinople; celle des Peruzzi en avait seize : à Londres, Bruges, Paris, Avignon, Pise, Gênes, Venise, Cagliari, Palerme, Naples, Majorque, Barletta, Chiarenzo, en Morée, Rhodes, Chypre, Tunis.

En 1339, la Compagnie des Bardi et des Peruzzi était créancière du roi d'Angleterre Edouard III, pour la somme d'un million trois cent soixante-cinq florins d'or (15.298.000 francs). Il est vrai que ces emprunts de princes ou d'Etats, nominalement consentis par une seule maison ou par un petit nombre de banquiers, intéressaient toute une société de prêteurs [1].

(1) On conserve à Florence les livres des Alberti et des Peruzzi; ces derniers vont de 1292 à 1343, année où les Peruzzi ont suspendu leurs payements. Ils étaient tenus en partie simple, la partie double imaginée à Venise au XIVe siècle n'ayant été adoptée par les Florentins qu'à l'époque des Médicis. On y employait les chiffres romains.

Mocenigo promettait à ses concitoyens qu'ils posséderaient un jour tout l'or de la chrétienté. Cette prédiction ne se réalisa pas, par suite d'événements multiples, au nombre desquels il faut indiquer surtout la découverte du cap de Bonne-Espérance et de l'Amérique, qui changèrent la direction des grandes routes commerciales du monde et l'éloignèrent de l'Italie, mais le commerce et la banque n'en valurent pas moins à ce pays une longue période de prospérité et une civilisation brillante.

PRÉCIS D'HISTOIRE

DE LA

FINANCE FRANÇAISE

DEPUIS

SES ORIGINES JUSQU'A NOS JOURS

2

PREMIÈRE PARTIE

DES ORIGINES A SULLY

CHAPITRE PREMIER

Les sources de l'Impôt

I. La fiscalité franque. — II. Disparition, puis rétablissement de l'impôt d'Etat. — III. La lutte contre les privilégiés. — IV. La gabelle. — V. La dîme. — VI. Contributions directes et indirectes.

I

La fiscalité établie par les Romains fut maintenue par les Francs quand ils s'emparèrent des Gaules. Les taxes étaient perçues au moyen des registres et des cadastres qu'avaient dressés les fonctionnaires impériaux.

On voit, dans Grégoire de Tours, que Chilpéric Ier fit faire de nouveaux recensements qui provoquèrent des émeutes. Il jeta au feu le travail de ses recenseurs en disant : « Contentons-nous pour notre fisc de ce qui a servi à notre père Clotaire. »

Les impôts principaux étaient le Cens sur les domaines, les esclaves qui le faisaient valoir et le bétail; la Capitation, impôt par tête; l'Héréban, impôt personnel affecté aux dépenses militaires, payé par les hommes libres qui ne prenaient pas part à une expédition (il était de 60 sous d'or); les taxes sur les chariots; les péages prélevés sur les routes, les ponts et les rivières; les prélèvements en nature sur les blés (champart, partie de champ). Sous le règne de Chilpéric, vers 580, il existait une imposition du huitième sur le vin.

Les veuves, les orphelins, les vieillards, les commensaux du roi étaient dispensés de l'impôt, ainsi qu'une catégorie de propriétaires gallo-romains désignés sous le nom de *Romani Possessores*, aristocratie terrienne que les vainqueurs avaient intérêt à se concilier. Il en était de même de la plupart des églises et des monastères, qui bénéficiaient même parfois de revenus assignés sur certains impôts. Dagobert constitua ainsi une rente de 100 sous d'or sur la douane de Marseille au profit de l'abbaye de Saint-Denis et une autre plus considérable sur le produit des mines de plomb.

Les hommes libres francs n'étaient pas soumis au droit impérial qui établissait l'impôt forcé; ils n'admirent longtemps que les dons volontaires de leur droit germanique : chevaux, chiens, oiseaux de chasse, armes, lingots d'or et d'argent, vases précieux, riches vêtements qu'ils offraient chaque année à leurs chefs. C'est en vertu de cette tradition que la noblesse descendante ou héritière de la race conquérante fut exempte de la taille jusqu'à la Révolution.

La taille était l'impôt roturier et le mot rappelle l'usage qu'avaient autrefois les paysans ne sachant pas lire, de marquer leurs recettes ou leurs payements sur une *taille* de bois, comme on fait encore chez certains boulangers.

Le clergé ne faisait aussi que des dons volontaires. Le pape même, sous Charlemagne et Charles le Chauve, s'en acquittait comme premier évêque de l'Empire et envoyait, à titre de don annuel, à la résidence royale de Pavie, 10 livres pesant d'or, 100 livres d'argent et 10 vêtements magnifiques.

Les tributs payés par les nations vaincues venaient s'ajouter au produit des taxes et des dons. Sous Dagobert, les Saxons devaient un envoi annuel de 500 vaches, que remplacèrent plus tard 300 chevaux.

Sous les deux premières races, l'administration financière

était confiée aux comtes et aux ducs, chargés de prélever les impôts royaux. Sous les Capétiens, les baillis succédèrent aux comtes. Trois fois l'an, ils venaient rendre compte au roi et lui apporter ses revenus, qui étaient déposés au Temple.

Les impôts étaient administrés en ferme, système emprunté aux Romains comme toute la fiscalité [1].

Les ponts et péages étaient affermés aux Juifs, dès le temps des Mérovingiens. Philippe le Bel donna l'impôt à bail à deux banquiers italiens.

Les rois avaient encore la ressource des amendes infligées aux violateurs de la paix publique; ils bénéficiaient des confiscations judiciaires, des héritages provenant des serfs affranchis, morts sans enfants, des étrangers (aubaine), des bâtards décédés « sans hoir ni lignage »; ils faisaient travailler leurs terres par la corvée de corps, de chevaux et de bœufs et, de plus, comme ils s'étaient emparés de tous les biens appartenant au fisc romain, ils exploitaient les mines et les forêts, jouissaient des pâturages et des terres vagues, touchaient le revenu des métairies royales.

II

Après Charlemagne, nous voyons les impôts d'Etat disparaître peu à peu. Les contributions publiques, démembrées comme le territoire, passèrent de la royauté à la seigneurie. Il n'y eut plus que des redevances.

Par un entraînement contre lequel les rois essayèrent en vain de lutter, les hommes libres renonçaient à leur liberté et

(1) C'est-à-dire que l'impôt était perçu par une compagnie de financiers; ils traitaient d'avance avec le roi à qui ils remettaient une certaine somme. Tout ce qu'ils recevaient du revenu de l'impôt au delà de cette somme et des frais de perception était bénéfice pour eux. On les appelait traitants ou partisans, du traité ou parti qui les liait au roi.

les petits propriétaires à leurs propriétés pour se donner corps et biens à un voisin puissant qui devint le seigneur féodal.

Hugues Capet, quand son duché de France eut été transformé en royaume par l'Assemblée de Senlis, continua à ne toucher que les revenus et les impositions des terres et des populations placées dans la mouvance de sa seigneurie.

Cependant les rois ne tardèrent pas à recouvrer quelques droits afférents à la couronne : celui de régale, perception du revenu des évêchés pendant la vacance des sièges; le droit de dépouille qui leur attribuait l'héritage du mobilier des évêques; le droit de tutelle ou de garde-noble pour la garde des biens d'un héritier noble pendant sa minorité; les droits de greffe et de sceau sur les actes civils, que le roi se réserva à l'exclusion des autres seigneurs par l'ordonnance de 1319; les droits d'entrée et de sortie, ou de tonlieu et de rêve, à la frontière du royaume; la location des étaux de Paris; le droit sur l'exposition et la vente des marchandises dans les foires; le droit de prise, qui autorisait les pourvoyeurs des cuisines royales à lever gratuitement plus tard, au taux fixé par eux-mêmes, les denrées pour la table du roi.

En vertu du droit de gîte, lointain souvenir du *cursus publicus* des Romains, le roi pouvait aller une fois par an, dans chaque ville, bourgade ou abbaye de son domaine et y coucher trois jours, en s'y faisant défrayer de tout. Quand il traversait une ville sans s'y arrêter, il percevait le prix de la dépense qu'y aurait causée son séjour. Aussi était-il toujours par voies et par chemins au XIIe siècle. Plus tard, le roi s'avisa qu'il pouvait se dispenser de voyager en permettant aux villes de s'accenser par une redevance annuelle. Laon payait 200 livres parisis de ce chef et Noyon 160. Sous le règne de trois ans de Louis VIII, le Trésor royal perçut 7.638 livres 10 sols en droits de cette nature.

Des aides gracieuses et des aides de rigueur étaient dues au roi en certaines circonstances. Il y avait notamment les *aides aux quatre cas*, que payaient également les nobles et les non-nobles : 1° quand le roi mariait sa fille aînée; 2° quand il armait son fils chevalier; 3° quand il était prisonnier de guerre; 4° quand il allait à la croisade.

Un expédient du roi, quand il était pressé par le besoin d'argent, était d'octroyer ou de confirmer à des villes des chartes d'affranchissement ou de privilèges. Parfois il emprisonnait les juifs et les remettait en liberté moyennant finance. Pour s'assurer le monopole de cette pratique, il achetait même à ses grands vassaux les juifs de leurs domaines.

III

Le premier compte général et public des finances du royaume est de 1149. En 1238 le produit des différents revenus et impôts du royaume est de 285.280 livres, formant, en monnaie moderne, environ 13.050.000 francs.

A l'occasion de la seconde croisade, un impôt d'un vingtième est mis sur le revenu et, quarante ans plus tard, Philippe-Auguste perçoit un nouveau subside, appelé la dîme Saladine, pour reprendre Jérusalem sur Saladin. Tous ceux, clercs et laïques, roturiers ou nobles, qui ne prennent pas part à la Croisade, doivent le dixième de leurs revenus, meubles et immeubles, durant l'expédition.

Saint Louis défendit qu'aucune contribution nouvelle fût établie par les seigneurs sans le consentement du roi. Il combattit la prétention du pape Innocent IV de lever à son profit des subsides sur la population laïque du royaume, ne voulant pas, suivant le mot d'un ancien historien, que « l'argent de

France s'en aille en pèlerinage à Rome. » Boniface VIII refusa à son tour au roi de France le droit d'imposer le clergé français; mais Philippe le Bel n'en tint pas compte. Il taxa le clergé au dixième de son revenu, la bourgeoisie au cinquième et la noblesse au centième.

En 1292 une taxe d'un denier fut établie par Philippe le Bel sur la vente de toutes les marchandises. Le peuple la nomma la maltôte, c'est-à-dire la mauvaise taxe (*tolte*, de *tollere*, lever).

Ce fut trop peu pour Philippe le Bel que le produit de ses nouveaux impôts; il confisqua la vaisselle d'or de ses sujets riches au moyen d'ordonnances somptuaires, dépouilla les Juifs et les Lombards, s'empara des 130 millions qui composaient en France la fortune des Templiers.

Un expédient des rois dans l'embarras, était de diminuer l'aloi des monnaies (1). Philippe en usa largement. Il y eut recours vingt-deux fois.

La faiblesse de Philippe de Valois fit rentrer la noblesse et le clergé dans leurs anciens privilèges.

Le Tiers Etat seul fut désormais soumis à l'impôt. Les exactions, l'occupation anglaise, qui enleva au Trésor le revenu des provinces occupées, la rançon du roi Jean, qui fit sortir du royaume plus de 200 millions, les rapines d'Isabeau de Bavière, ruinèrent nos finances.

IV

Ce fut alors que la gabelle du sel, d'abord restreinte aux limites du domaine, fut étendue à tout le royaume. L'ordonnance de 1342 organisa la vente du sel et institua la juridiction

(1) C'est-à-dire que la valeur réelle du métal composant la pièce était très inférieure à celle qu'on attribuait à la pièce.

des greniers à sel pour connaître de tous les délits auxquels donnait lieu cette finance nouvelle. Ce fut l'impôt le plus odieux de l'ancienne France, et le peuple en a conservé le nom de gabelou. Il se maintint jusqu'à la Révolution avec toutes ses vexations.

La quotité de la taxe variait suivant les provinces, divisées en pays de grande (maximum) et de petite gabelle (minimum), en pays de *court bouillon*, où l'on avait des sauneries qui versaient, dans les greniers du roi, le quart de leur fabrication, et en pays *rédîmés*, dits pays de franc salé.

L'Etat obligeait chaque individu âgé de plus de huit ans à prendre, dans les greniers à sel publics, le sel dont il avait besoin et fixait le minimum de la consommation forcée. Cette portion était le sel *du devoir* ou *sel de pot et salière*. La quantité était d'un minot (39 litres 36) pour la consommation de quatorze personnes. Le sel du devoir ne pouvait servir qu'à la cuisine de chaque jour. Il était défendu, sous peine des galères, de l'employer pour faire des conserves et des salaisons. Il fallait, pour les conserves, retourner au grenier à sel ou s'adresser aux regrattiers, négociants assermentés, qui délivraient un sel d'une autre espèce et de couleur différente afin de faciliter la surveillance des agents.

Nombreux étaient les employés chargés d'empêcher la fraude et plus nombreux encore les contrebandiers ou faux-sauniers. Ces derniers avaient pour eux les populations qui les favorisaient de leur mieux. Mandrin fut un héros populaire qui, pendant plusieurs années, fournit de sel de contrebande le Lyonnais, le Dauphiné, le Forez, l'Auvergne, fit la guerre aux gens du roi, pilla la caisse des fermiers des impôts, et attaqua des villes comme Beaune et Autun.

Les habitants des pays de mines et des rivages de la mer vivaient sous le régime d'un perpétuel état de siège : « Malheur, dit Moreau de Beaumont, à l'habitant du littoral qui, s'autorisant de la liberté naturelle, aurait été prendre de l'eau de mer pour la mêler avec de l'eau douce et l'aurait employée à faire cuire des légumes, qui composaient son unique nourriture. » Les animaux qui s'approchaient des grèves et s'avisaient de tondre, d'un pré salé, la largeur de la langue, étaient impitoyablement confisqués et, quand un navire entrait dans nos ports, apportant du hareng ou de la morue, il devait, avant d'aborder, jeter à l'eau le sel de ses barils. Enfin, il n'était délivré aux corroyeurs et tanneurs que du sel empoisonné pour travailler leur cuir.

V

La dîme était un impôt perçu au profit du clergé. Elle était d'origine religieuse et rappelait l'offrande d'une partie des dépouilles de l'ennemi faite à Melchisédech par Abraham, vainqueur de Chodorlahomor, roi des Elamites.

Par suite de conventions particulières, le produit de certaines dîmes allait cependant à des seigneurs laïques. On les appelait laïques, profanes, temporelles ou dîmes inféodées par opposition à la dîme ecclésiastique.

On distinguait encore les dîmes réelles, perçues en nature sur les récoltes des champs, les dîmes personnelles, prélevées sur les salaires et les bénéfices de l'industrie; les dîmes mixtes, provenant à la fois de la nature et du travail de l'homme, telles que les bergeries, les pêcheries, etc...

Malgré l'étymologie de *decima pars,* la dîme n'était parfois que la 40e partie et variait plus généralement du 16e au 24e compte, c'est-à-dire que sur 16 ou 24 gerbes, par exemple, le décimateur en prenait une (1).

(1) La dîme appartenait de droit au curé. Son clocher était son titre. Par la suite cependant, la plus grosse part de la dîme appartint à des abbayes ou chapitres qui en laissaient au curé une portion dite « congrue ».

La grosse dîme était prise sur le principal produit d'un pays, appelé gros fruit. C'était, suivant la région, le blé, le vin ou l'huile, parfois le bétail. Les menues dîmes comprenaient les volailles, le lin, la laine, les légumes. Il y avait encore, parmi les menues dîmes, les dîmes vertes, pois, lin, chanvre et sainfoin, et les dîmes de charnage, cochons, veaux, poulets, moutons. Un règlement de 1303, connu sous le nom de la *philippine*, interdit à l'église de percevoir, comme elle en avait la prétention, une dîme personnelle sur le produit des mines et le travail maritime.

Les dîmes personnelles étaient abolies partout en France bien avant la Révolution. Dès le XVIe siècle, l'Etat avait mis des bornes aux exigences ecclésiastiques par l'ordonnance de Blois et l'édit de Melun. En ce qui concernait les dîmes réelles, l'édit du 27 avril 1737 avait ordonné le choix, pour trois ans au moins, entre les récoltes pendantes par les racines et les autres produits des champs.

Bien que le nom de dîme soit resté très impopulaire, cette taxe a été une des moins lourdes et des moins vexatoires de l'ancien Régime. Vauban nous dit, dans son *Mémoire sur la Dîme royale*, qu'elle ne faisait aucun procès, n'excitait aucune plainte « et qu'elle se levait partout sans plainte, sans frais, sans bruit et sans ruiner personne. »

La valeur des dîmes perçues en France était estimée officiellement, en 1789, à 133 millions.

Arthur Young dit que ce n'était guère à plus du douzième qu'il fallait porter, à cette époque, le chiffre moyen de la perception des dîmes. Il ajoute que les cultures nouvelles n'y étaient pas assujetties, par exemple les pommes de terre, les grandes plantations de choux, les ensemencements de trèfle, etc.

VI

Etienne Marcel, devançant de quatre siècles la Révolution, avait réclamé la réunion périodique des Etats généraux pour voter les impôts, en faire la répartition entre les classes et en surveiller l'emploi.

Après lui, le Tiers Etat retomba dans son impuissance et le roi ressaisit ses prérogatives. Mais Charles V rétablit l'ordre dans les finances et réduisit les impôts dans une proportion égale à la diminution de nos populations, car quelques-unes de nos provinces, entre autres le Languedoc, avaient perdu, pendant les troubles, la moitié de leurs habitants. C'est ce qu'on nommait une réduction de feux. Le fouage, qui se percevait sur les cheminées, se maintint toute la durée de l'ancien Régime, et il fut remplacé, de nos jours, par l'impôt des portes et fenêtres, emprunté à l'Angleterre, et qui a l'avantage d'être moins vexatoire, les portes et les fenêtres pouvant se compter du dehors.

Les Etats généraux de 1439 accordèrent, à titre perpétuel, à Charles VII, une taille de 1.200.000 livres qui établit la permanence de l'impôt personnel.

Les sources principales de l'impôt étaient désormais trouvées.

La contribution indirecte, à laquelle toutes les classes participaient, était la maltôte et la gabelle. La contribution directe, dont on était exempté par le service militaire ou l'aide personnelle du roi, était fondée sur le revenu des terres.

Toutefois, en ce qui concernait la perception et l'assiette de ces impôts, la Royauté devait traiter, par des conventions particulières, avec les états provinciaux, avec le clergé, les grands vassaux, les bonnes villes et laissait à l'initiative de chacun de ces pouvoirs les moyens de s'acquitter envers l'Etat.

———×———

CHAPITRE II

Les Financiers du Moyen-Age

I. Juifs et Lombards. — II. Les Templiers. — III. Les valeurs de spéculation. — IV. Nicolas Flamel.

I

On mentionne, sous Philippe-Auguste, un grand banquier parisien nommé Gérard de Poissy. C'est lui qui fournit les premiers fonds pour le pavage de Paris, et il fit construire un hôpital à ses frais.

S'il était Français d'origine, comme son nom semble l'indiquer, Gérard de Poissy était une exception. En général les financiers du Moyen-Age ont été des Juifs et des Lombards. Les lois du royaume, reproduisant les prohibitions de l'Eglise, défendaient à tous les sujets du roi l'usure, c'est-à-dire le prêt à intérêt, car les deux termes étaient synonymes, usure signifiant usage de l'argent qu'on fait valoir; il résultait de cette prohibition que le commerce des métaux fut exercé par des étrangers que la nécessité et la nature des choses obligèrent à tolérer et même à appeler en France.

Dès les premiers temps de la Monarchie, les Juifs achètent les péages et afferment les impôts. Par leurs relations avec leurs coreligionnaires d'Italie et d'Orient, ils pouvaient rapidement se procurer les fonds dont avaient besoin les rois et les seigneurs, forcés de recourir à eux en plus d'une circonstance. Un mois leur suffit pour réunir les 3 millions d'écus d'or de la rançon du roi Jean.

Des émeutes éclatèrent quelquefois contre eux et on pillait leurs demeures; mais le peuple n'y trouvait jamais d'or ni de choses précieuses. Les Juifs savaient prévoir les événements, grâce aux intelligences qu'ils se ménageaient parmi les chefs populaires aussi bien que parmi les conseillers du roi. Leur trésor partait pour Venise ou pour Constantinople quand ils sentaient menacée la cité de protection ou *juiverie* qui leur avait été accordée par le roi, car loin d'être un lieu d'humiliation, comme on le croit quelquefois, la juiverie était un domaine réservé et privilégié comme en avaient plusieurs corporations au Moyen-Age. Le mot italien *ghetto* en est une preuve; il vient de l'hépreu rabbinique *ghet*, lettre de divorce, d'où l'on peut conclure que la séparation n'offensait ni ne chagrinait les Juifs, puisque le terme qui l'exprimait était fourni par eux et emprunté à la langue de leurs rabbins.

Exposés à de fréquentes émigrations, les Juifs prirent l'habitude de conserver leur fortune facilement transportable et se détournèrent de la propriété territoriale; ils firent usage des lettres de change; se créèrent et entretinrent des correspondants à l'étranger; apprirent à connaître les ressources et les besoins des pays voisins, à se faire les intermédiaires entre l'offre et la demande, à bénéficier de la différence entre la valeur nominale et la valeur réelle des monnaies, entre l'argent courant et le papier de change, entre l'argent du pays et l'argent étranger.

Chassés de France aux XIIe et XIIIe siècles, ils s'étaient réfugiés en Lombardie. Ils y firent des élèves qui devinrent leurs rivaux.

Les papes protégèrent les Lombards contre les Juifs. Ce furent ces nouveaux venus qui s'emparèrent alors du commerce de l'argent dans notre pays; ils étaient très nombreux en France dans la première moitié du XIVe siècle.

C'est ainsi que les Alberti, ascendants de nos ducs de Luynes, s'établirent d'abord en Languedoc, à Montpellier, dans les états du roi de Majorque, puis fondèrent une succursale à Paris, à l'instigation des rois de France.

II

Jusqu'au XIVe siècle, Juifs et Lombards avaient des concurrents en France chez les Templiers, qui étaient les trésoriers de l'Eglise et de beaucoup de princes. Les trésors du roi de France et une partie de ceux du roi d'Angleterre étaient déposés chez eux, dans la tour du Temple [1].

Institués pour combattre les infidèles, les chevaliers du Temple s'étaient enrichis des aumônes de la Chrétienté tout entière et des dons envoyés par les seigneurs qui voulaient se racheter de l'obligation d'aller à la Croisade.

Lorsque la Terre-Sainte fut définitivement perdue, en 1191, ils avaient rapporté en Europe un trésor de 150.000 florins d'or et, en argent, la charge de dix mulets. Ils se répandirent dans toute l'Europe et il y eut un moment où ils comptèrent jusqu'à 9.000 maisons de leur ordre.

Leur orgueil, leur impiété et les vices que quelques-uns avaient rapportés d'Orient excitèrent contre eux de nombreux ennemis. On les accusa d'adorer une idole du nom de Baphomet et de renier leur Christ à leurs réceptions dans l'ordre. C'était, au dire des uns, par suite d'un serment fait par un grand-maître prisonnier du Soudan qui n'avait obtenu sa liberté qu'en promettant de cracher sur la croix, lui et ses successeurs; selon

(1) Construite en 1212 et renversée en 1811.

d'autres, les Templiers commémoraient ainsi le triple reniement de saint Pierre.

Quoi qu'il en soit, le motif parut suffisant pour les perdre, et Philippe le Bel saisit avec empressement cette occasion de s'enrichir de leurs dépouilles. Le 13 octobre 1307, tous les Templiers qui se trouvaient en France furent arrêtés à la fois, et un grand nombre d'entre eux furent condamnés à être brûlés vifs après un simulacre de procédure. La destruction de cette puissante compagnie fut un coup funeste pour le développement de la richesse du royaume. Des causes économiques, dont on retrouve aussi les effets en Angleterre et en Allemagne à la même époque, vinrent s'y ajouter et, durant deux siècles, la valeur de la propriété et le prix des loyers à Paris restèrent inférieurs à ce qu'ils étaient au temps de saint Louis, pour ne se relever qu'à la fin du XVIe siècle.

En revanche, il est vrai, le prix de la vie, qui augmentait jusque vers la fin du XIVe siècle, se mit à baisser à partir de 1390, au point que l'homme de labour de ce temps était plus aisé que le journalier actuel de 3 à 6 %, suivant les dates; cette aisance s'améliora dans les cent années suivantes, de telle façon que l'ouvrier, de 1451 à 1475, était devenu plus riche d'un tiers que notre ouvrier actuel. La gêne recommença ensuite, et, de 1576 à 1600, le salarié fut plus pauvre des deux tiers que l'ouvrier actuel [1].

Les Templiers, qui n'avaient jamais oublié leurs intérêts temporels au milieu de leurs luttes pour la défense de la foi, n'étaient pas seuls, semble-t-il, à faire servir la guerre à leur enrichissement.

Sur les champs de bataille d'Europe on trafiquait des prisonniers de guerre. Après la victoire, les capitaines achetaient et revendaient les uns aux autres leurs prisonniers, pour spé-

(1) Vicomte Georges d'Avenel. *La fortune privée à travers sept siècles.*

culer sur la rançon de ceux-ci, soit en obtenant une grosse somme de leur famille, soit en les cédant à quelque ennemi qui tenait à les avoir en sa puissance.

Jeanne d'Arc, prise devant Compiègne par un archer picard au service du bâtard de Vendôme, fut mise à l'encan dans le quartier de l'armée bourguignonne :

> Ledict Picard si la bailla
> A Luxembourg les assistant
> Qui la vendit et rebailla,
> Aux Angloys pour argent comptant.

C'est ainsi qu'une guerre donnait lieu à de nombreuses opérations financières. Il fallait un emprunt du roi pour lever des troupes, un emprunt des seigneurs pour s'équiper, un emprunt des familles pour acquitter la rançon de leurs membres en captivité.

III

Quand un seigneur avait besoin d'argent, il cédait à un tiers le produit des redevances féodales auxquelles il avait droit. L'acquéreur passait à un autre le privilège, qui devenait ainsi une valeur négociable, soumise à des fluctuations d'offre et de demande.

Des domaines étaient aliénés par leurs propriétaires contre des rentes perpétuelles en blé, qui passaient également de main en main avec des alternatives de hausse et de baisse, suivant le prix du blé, qui variait, non seulement selon le plus ou moins d'abondance des récoltes, mais encore par la situation politique du temps et par les conditions particulières des provinces, où des barrières et des taxes locales venaient constamment modifier les conditions du marché.

Il arrivait fréquemment aussi qu'un propriétaire, en vendant un fonds de terre, se réservait une redevance en argent qui devait lui être payée par l'acquéreur. Cette rente, transférée à des tiers, revendue, divisée en parcelles, devenait aussi un objet de trafic, bien que soumise à une baisse presque constante par le mouvement de la fortune publique, la hausse des terres et la dépréciation de la livre-monnaie. On comprend qu'une rente consentie au XVe siècle, par exemple, n'ait plus représenté, à la fin du XVIe siècle, et surtout au XVIIe siècle, qu'une partie infime du revenu réel des terres.

IV

Au XIVe siècle vivait un homme riche dont le nom est resté légendaire. Nicolas Flamel passait pour avoir découvert la pierre philosophale qui permettait de transformer en or les métaux inférieurs; il semble que ce bruit, qui s'est répandu après sa mort, ait eu pour origine les signes gravés sur son tombeau au cimetière des Innocents. C'étaient tout simplement les attributs de la profession de Flamel, qui était écrivain-libraire; mais l'écritoire ou colomard et les lettres de l'alphabet qui l'accompagnaient, gravés sur des phylactères, avaient paru au peuple des caractères cabalistiques [1].

Nicolas Flamel, dont la fortune a du reste été bien exagérée, s'était enrichi par d'habiles spéculations dont voici un exemple : le 11 novembre 1390, il acheta pour 30 francs d'or du coin du roi, une rente de 2 livres 6 sous parisis, hypothéquée, 6 sur une maison, 6 devant la pistolle (prison) du prieuré de Saint-Martin-des-Champs, au coin de la rue Saint-Martin et de la rue Guérin-Boisseau. N'en étant pas payé, il fit mettre la maison aux enchères et en fut déclaré adjudicataire, le 17 novembre 1414.

(1) On racontait qu'au cours d'un pèlerinage à Saint-Jacques-de-Compostelle il avait acheté, pour deux florins, un livre couvert de cuivre bien ouvragé qui contenait le secret de faire de l'or et qui était l'œuvre d'Abraham le Juif, prince, prêtre, lévite, astrologue et philosophe.

CHAPITRE III

Trésoriers et Surintendants

I. Marigny et ses successeurs. — II. Jacques Cœur. — III. La Balue. — IV. Semblançay. — V. Bayard, Pierre Landais.

I

Il faut faire une exception pour saint Eloi, qui a su se créer une incontestable popularité; mais, à part le trésorier du bon roi Dagobert, les ministres des finances n'ont pas été très aimés au cours de notre histoire. Ils ont été en butte, pendant tout le Moyen-Age, aux imputations des seigneurs, qui attribuaient à leurs malversations des richesses dont ils faisaient un étalage peu conforme à la modestie de leur origine.

Le premier surintendant des finances dont fassent mention les vieux chroniqueurs est Enguerrand de Marigny. Philippe le Bel l'avait nommé son coadjuteur au gouvernement du royaume; mais sa haute fortune excita beaucoup d'envieux, parmi lesquels était le comte de Valois, frère du roi. On dit que Marigny se l'était aliéné en prenant parti dans un procès contre un protégé du prince.

Quand Philippe le Bel fut mort, Charles de Valois accusa le surintendant de dilapidations. Il prétendit aussi qu'Enguerrand avait reçu de l'argent des Flamands pour détourner le roi de leur faire la guerre.

L'infortuné surintendant fut condamné à être pendu à Montfaucon, après un procès conduit avec une impudente partialité et avant lequel on avait eu soin d'enfermer Raoul de Presles, le grand avocat d'alors, afin qu'il ne pût prêter le secours de son éloquence à l'accusé.

Gérard de la Guette, le successeur de Marigny, n'eut guère une fin moins malheureuse; mais sa culpabilité semble mieux prouvée. Convaincu d'avoir détourné 1.200.000 livres du Trésor royal, il fut placé avec des poids aux pieds sur un cheval de bois dont le dos formait un angle très aigu; il mourut peu de temps après.

Nous nous bornons à une simple énumération des trésoriers ou surintendants qui périrent de mâle mort aux XIVe et XVe siècles.

Pierre Rémy, seigneur de Montigny, fut pendu à Montfaucon. Jean de Montaigu, poursuivi pendant la démence de Charles VI par le duc de Bourgogne et le roi de Navarre, fut décapité aux Halles. Pierre des Essarts, à qui les Parisiens avaient donné le titre de Père du Peuple, pour avoir assuré les approvisionnements de la capitale au milieu des troubles qui l'agitèrent à cette époque, ne sut pas conserver longtemps leur amour. On l'accusa d'avoir dilapidé les finances; il fut obligé de fuir et demeura quelque temps caché dans ses terres. Assiégé dans la Bastille, dont il s'était emparé, par les bouchers de la faction de Bourgogne, il fut condamné à mort. Pierre de Gyac, surintendant de Charles VII, à qui le connétable de France, Arthur de Richemont, reprochait la désertion de ses troupes, mal payées, fut pris dans son lit à Issoudun, par celui-ci et Georges de la Trémoille, puis, après un procès sommaire, fut jeté à l'eau avec une pierre au cou.

Camus de Beaulieu fut assassiné par ordre du même Arthur de Richemont.

II

Jacques Cœur, né à Bourges vers 1400, acquit par le commerce des biens immenses. Il envoyait ses vaisseaux dans toutes les parties du monde connu, échangeait en Orient des marchandises d'Europe, des armes, des lingots d'or et d'argent contre de la soie et des épices; il eut jusqu'à trois cents facteurs sous ses ordres.

La profession des banquiers était alors beaucoup plus vaste que de nos jours. Ils étaient les factotums des rois, à la fois entrepreneurs de travaux publics, négociateurs d'emprunts, marchands de pierres précieuses, fabricants de canons et constructeurs de vaisseaux, trafiquants sur métaux, etc.

Charles VII nomma Jacques Cœur son argentier et eut plus d'une fois recours à sa bourse qui lui fournit le nerf de la guerre dans sa lutte contre les Anglais. En 1448, lorsque le roi entreprit la conquête de la Normandie, il lui prêta 200.000 francs. Mais quand fut morte Agnès Sorel, qui le protégeait, Jacques Cœur se trouva lui aussi livré à l'envie des courtisans, et le roi, oublieux de tant de services rendus, le laissa mettre en jugement et condamner.

Le comte de Dammartin, qui devait à Jacques Cœur des sommes considérables, trouva moyen non seulement de ne pas les rendre, mais encore de s'emparer d'une partie des dépouilles du grand banquier. C'était lui qui présidait le tribunal chargé de juger son créancier.

Jacques Cœur, enfermé au couvent des Cordeliers de Beaucaire, en fut délivré par un certain nombre de ses commis à la tête desquels était Jean de Villages, et s'embarqua pour Rome, où il comptait recommencer sa fortune. Le pape Calixte III l'avait chargé des subsistances de la flotte envoyée contre les Turcs; mais il tomba malade au milieu de la campagne et mourut à Chio, qui appartenait alors aux Génois.

III

Jean La Balue, surintendant des finances de Louis XI, était d'une famille d'artisans du Poitou. Il dut son élévation à deux protecteurs, Jean de Beauvau, évêque d'Angers, qui l'avait fait entrer dans la carrière ecclésiastique, et Charles de Melun, seigneur de Nantouillet, qui l'avait présenté au roi.

La Balue, aussitôt qu'il fut en possession de la faveur de Louis XI, se montra ingrat envers ceux-ci. Il porta contre Jean de Beauvau une accusation de crime d'Etat qui le fit déposer et valut à l'accusateur l'évêché d'Angers; puis il prétendit que le seigneur de Nantouillet avait des intelligences secrètes avec le duc de Berri, frère du roi; ce qui le fit condamner à avoir la tête tranchée sur le marché des Andelys.

On ne saurait plaindre après cela La Balue, convaincu de trahison envers son maître, d'avoir été puni de sa noirceur. Il fut enfermé à Loches dans une cage de fer dont il avait fait lui-même le modèle. Rendu à la liberté au bout de onze ans, il se retira à Rome où il fut comblé d'honneurs.

IV

Le dernier surintendant des finances qui finit tragiquement fut Semblançay.

On dit que celui-ci avait livré à Louise de Savoie, mère de François Ier, 400.000 écus d'or pour payer les Suisses de l'armée de Lautrec, dans le Milanais, et que la princesse l'avait ensuite accusé de péculat, après lui avoir fait dérober les quittances de ce versement. Il règne sur toute cette affaire un mystère qui n'est pas éclairci.

Le chancelier Duprat était la créature de Louise de Savoie, qui, de complicité avec elle, avait mis au pillage le Trésor royal. Il n'en poursuivait pas moins impitoyablement les financiers. Semblançay fut traduit devant une commission avec Poncher, trésorier général, qui, dans son ministère, s'était attiré la haine du chancelier. Choisis parmi les ennemis des accusés, les juges rendirent un arrêt de mort. Les deux vieillards furent pendus, en 1527, au gibet de Montfaucon et leurs biens confisqués.

Des vers de Marot, restés célèbres, témoignent de la fière contenance qu'avait Semblançay en allant au supplice; c'était le lieutenant criminel Maillard qui semblait le coupable :

Lorsque Maillard, juge d'enfer, menoit
A Montfaucon, Semblançay, l'âme rendre,
A votre advis, lequel des deux tenoit
Meilleur maintien? Pour le vous faire entendre :
Maillard sembloit homme que mort va prendre,
Et Semblançay fut si ferme vieillard
Que l'on cuidoit, pour vray, qu'il menoit pendre,
A Montfaucon, le lieutenant Maillard.

V

Un autre surintendant, Bayart, termina ses jours en prison, victime de l'animosité de Diane de Poitiers, qui lui reprochait quelques plaisanteries sur ses quarante ans et sa beauté un peu fanée.

Pour clore la liste des administrateurs des finances à qui leurs fonctions ont été funestes, il ne nous reste plus qu'à y joindre le breton Pierre Landais, qui fut pendu en 1485.

Il était né vers 1440 et fut d'abord tailleur, comme son père; il sut gagner les faveurs du duc de Bretagne, François II, en allant lui essayer des habits, et devint le valet de sa garde-robe ; bientôt il fut élevé à la dignité de ministre et il s'en montra digne par ses talents.

Grand trésorier de Bretagne, il administra le pays pendant vingt-cinq ans, fit des traités de commerce avec l'Angleterre, le Portugal, les villes hanséatiques, l'Espagne, établit des manufactures de soieries, de tapisseries, etc., noua des relations commerciales étendues jusque dans le Levant, fit exécuter de grands travaux publics; mais les seigneurs bretons se liguèrent contre lui. Le duc le soutint pendant quelque temps, mais enfin, voyant que la révolte était sur le point d'éclater en Bretagne, il se décida à le sacrifier en le livrant à des juges qui le condamnèrent comme coupable de trahison et de meurtre.

———×———

CHAPITRE IV

Organisation de l'Impôt

I. Les aides. — II. La taille. — III. Produits domaniaux. — IV. Création des rentes.

I

Les trésoriers et les surintendants, envers lesquels les rois se montrèrent si souvent ingrats, n'en avaient pas moins organisé peu à peu l'administration financière du royaume.

Les rois de France ne purent établir leur puissance que grâce aux ressources de l'impôt. Tandis que la puissante maison de Bourgogne, contre laquelle ils luttaient, dépendait, pour ses revenus, du bon vouloir des communes de Flandre, ils percevaient sur leurs sujets une taxe régulière.

L'origine de l'impôt paraît avoir été toute militaire. L'aide de l'Ost (armée) était d'abord une amende infligée aux hommes qui ne s'armaient pas. Le roi encouragea ses sujets à s'exempter par le paiement de cette amende, avec le produit duquel il pouvait lever des soudoyers ou soldats de métier, qu'il préférait à des milices sans exercice ni entraînement.

En vertu du droit féodal, une aide était due pour la rançon du roi Jean; mais, afin de ne pas accabler les sujets de France d'une charge trop lourde, il fut décidé que le paiement de la somme, avancée par les Juifs, serait réparti sur six années et recouvré sur la vente des marchandises, du sel et du vin. C'étaient là encore deux nouveaux impôts créés.

Les trésoriers généraux et les *élus*, ainsi nommés en souvenir des Etats généraux de 1338, mais qui n'en étaient pas moins nommés par le roi, furent chargés de la levée des aides. Ils continuèrent à exiger les aides quand les six années furent passées.

En mourant, Charles V exprima le vœu qu'elles fussent abolies; ce propos fut connu du peuple et le combla de joie; mais le besoin d'argent ne tarda pas à se faire sentir. Le prévôt royal convoqua les notables au parloir aux bourgeois, mais ne put rien obtenir, et les Etats de la langue d'oïl, réunis sept fois par le duc d'Anjou, oncle du jeune roi Charles VI, restèrent sourds à tous ses appels.

Il fallut bien alors recourir aux aides. Un héraut accepta, à prix d'argent, de lire à son de trompe l'ordonnance qui les rétablissait. Il eut recours à un expédient. Monté sur un bon cheval, il s'avança au milieu des halles, en annonçant qu'on avait volé la vaisselle du roi et qu'il y aurait récompense pour qui la rapporterait; puis, quand le peuple se fut rassemblé autour de lui, il donna de l'éperon à son cheval et cria que les aides seraient levées le lendemain.

Le lendemain l'insurrection éclata aux Halles. Un collecteur, qui réclamait un sou à une vieille marchande de cresson, fut mis en pièces, et le peuple s'empara des maillets de plomb déposés autrefois par Etienne Marcel à la maison aux piliers.

L'audace des Parisiens avait été attribuée, dans les conseils du roi, aux exemples d'indépendance donnés par les communes flamandes. Charles VI alla combattre les Flamands et rentra menaçant dans sa capitale après la victoire de Rosbecque. Il fallut bien alors payer les aides sans résistance.

En 1418, le Dauphin les abolit pour se rendre populaire; mais elles furent rétablies en 1436 et perçues désormais régulièrement sans aucun vote, sauf en Languedoc, où les Etats de la province conservèrent le privilège de s'assembler pour voter les impositions.

II

Il en fut de la taille comme des aides. Les Etats généraux de 1439 la votèrent pour deux ans, afin de pourvoir à l'entretien de l'armée, et elle continua d'être levée après ce délai.

Fixée par l'ordonnance d'Orléans à 1.200.000 francs, elle fut rendue perpétuelle par l'ordonnance de 1445, et confiée, pour la répartition, à des élus. Devaient contribuer tous « marchands mécaniques, laboureurs, praticiens, officiers, tabellions, notaires et autres. » Etaient exempts les nobles vivant noblement, les officiers ordinaires du roi et ses commensaux, les francs archers, escholiers, étudiants aux Universités de Paris, d'Orléans, Angers, Poitiers et autres approuvées par le roi.

Des corporations et des villes nombreuses obtinrent des exceptions; c'est ainsi qu'une ordonnance de 1449 dispensait de la taille tous les bourgeois de Paris « pour aider à repeupler la dite ville. » Les Parisiens ont conservé ce privilège jusqu'à la Révolution.

Les rois avaient d'autres moyens encore que les impôts pour se procurer des ressources; ils vendaient des exemptions d'impôts, établissaient des taxes sur l'émancipation des serfs, réclamaient en certaines circonstances des contributions du clergé, faisaient des retenues de traitement aux fonctionnaires ou infligeaient des amendes aux riches particuliers ou aux corporations.

Un autre expédient était l'altération des monnaies. Philippe le Bel et Jean le Bon ne s'en firent pas scrupule. Dans la seule année 1351, dix-huit ordonnances en fixèrent ou en modifièrent le cours.

« C'est la loi en démence, » a dit Michelet, du règne de Jean le Bon. A son avènement, le marc d'argent valait 5 livres 5 sous; à la fin de l'année 11 livres. En février 1352, il était tombé à 4 livres 5 sous; un an après il était reporté à 12 livres. En 1354, il fut fixé à 4 livres 4 sous; il valait 18 livres en 1356. On le remit à 5 livres 5 sous, mais on affaiblit tellement la monnaie qu'il monta en 1359 au taux de 102 livres.

Sous l'inspiration de Jacques Cœur, à qui l'on doit la plupart des ordonnances relatives aux finances, Charles VII donna aux revenus publics une organisation nouvelle et établit l'ordre dans les finances.

Les impôts, aides et gabelles, étaient affermés, mais perçus par les élus, qui jugeaient aussi les contestations.

Les sommes recueillies dans chaque élection étaient centralisées entre les mains des « généraux pour le fait des finances », qui jugeaient en appel les procès dans lesquels les élus avaient prononcé. L'ensemble des élections réunies sous l'administration d'un général de finances fut nommé une « généralité ».

On comptait 181 élections; elles ne devaient avoir chacune que cinq à six lieues d'étendue; mais il n'en existait que dans les pays d'élection; les pays d'Etats n'en avaient pas; ils avaient conservé le droit de réunir des Assemblées d'Etats, dits Etats provinciaux, qui fixaient le chiffre de leur impôts, leur mode de répartition et de perception. Telles étaient les provinces de Bretagne, Languedoc, Bourgogne, Provence, Béarn et Dauphiné.

La juridiction supérieure, en matière d'impôts, était formée par les « généraux pour le fait de justice », qui constituaient les cours des aides.

Enfin tous les comptes des élus et des généraux étaient apurés par la Chambre des comptes.

III

Les produits domaniaux provenaient soit des immeubles réels (grèves, mines, mers, rivières, chemins et fortifications), soit des biens meubles et droits incorporels, droits d'amortissement, de franc fief, de déshérence, de bâtardise, d'aubaine, de chancellerie, de nouveaux acquêts, de poste et messagerie, des péages. Le Domaine était géré par les trésoriers de France et la Chambre du Trésor.

Bien qu'il fût inaliénable, les rois en vendaient souvent des parties; mais ce n'était qu'à titre temporaire. Elles étaient imprescriptibles et pouvaient toujours être rachetées par le domaine.

De même qu'il cédait, dans les temps de détresse, des biens d'Etat, le roi, pour parer aux déficits, vendait en quelque sorte des parties du pouvoir royal; il créait des charges et des offices de justice et de finance, qu'achetaient les bourgeois vaniteux désireux de s'anoblir.

Henri II vendit des charges de juges présidiaux; établit, à prix d'argent, 120 nouveaux secrétaires du roi et enfin, il eut l'idée, en 1553, de rendre le Parlement semestre, ce qui permit de doubler le nombre des charges; les magistrats ne siégeant plus que six mois dans l'année, il en fallait de nouveaux pour faire la besogne pendant les six autres mois.

Michel de L'Hôpital, surintendant des finances, supprima les semestres; mais on eut recours encore à cet expédient aux époques de pénurie.

IV

En 1522, François Ier établit les rentes perpétuelles sur l'Hôtel de Ville, créant ainsi la Dette publique. La Ville de Paris fournit le capital et perçut à son profit, pour les arrérages de la rente, la part des octrois qui revenaient au roi. Plusieurs autres emprunts eurent lieu sous le même règne : emprunts au chapitre de Notre-Dame, au collège des secrétaires du roi, à la vaisselle des cours souveraines, etc.

Un édit de François Ier (1520) permit la création de loteries, sous le nom de blanques (de l'italien *blanca carta*, papier blanc), parce que tous les billets non gagnants étaient considérés comme blancs, c'est-à-dire comme vides. A partir de 1539, l'Etat préleva un droit sur les blanques.

Quelques modifications furent introduites alors dans l'organisation financière. Les produits des impôts et du Domaine cessèrent d'être séparés et se confondirent dans une caisse commune appelée l'Epargne, innovation fâcheuse et qui permettait au roi de puiser indifféremment dans le Trésor public et le Trésor privé.

Par contre un ordre rigoureux fut établi dans la comptabilité. Le trésorier de l'Epargne, placé sous la surveillance de deux contrôleurs généraux, devait désormais établir toutes les semaines la balance des recettes et des dépenses.

Le Gouvernement des finances avait dès lors la forme qu'il conserva dans ses grandes lignes jusqu'à la Révolution.

———x———

CHAPITRE V

Henri III

I. Le livre de Nicolas Fromenteau. — II. Les trois surintendants de finances. — III. La rue des Lombards et le quai des Orfèvres. — IV. Zamet.

I

Nous avons, pour le règne d'Henri III, un curieux document d'histoire financière ; c'est l'ouvrage de Nicolas Fromenteau : « Le secret des finances de France découvert et départi en trois livres maintenant publié pour ouvrir les moyens légitimes et nécessaires de purger les dettes du roi, décharger les sujets des subsides imposés depuis trente et un ans et recouvrer tous les deniers pris à Sa Majesté » (1581).

Dans son épître dédicatoire à Henri III, l'auteur lui annonce qu'il se propose de lui prouver que, dans l'espace de trente et un ans, il a été payé, par le pauvre peuple, 15 milliards 246 millions 300 et tant de mille écus, qui ne sont pas entrés dans les coffres de l'Etat, et lui demande, au lieu de créer de nouveaux impôts pour acquitter les 100 millions de livres que doit le royaume, de répéter cette somme contre les familles nouvellement enrichies.

De l'état des recettes et des dépenses faites, depuis 1549 jusqu'à 1581, il résulte, d'après Fromenteau, que, dans cet

4

espace de temps, il a été perçu 1.453 millions, qu'il a été employé 927 millions 206 mille francs, et que, par conséquent, au lieu d'un déficit, il devrait rester en caisse 525 millions 794 mille livres.

II

Trois surintendants des finances se succédèrent sous Henri III : Artus de Cossé, qui eut souvent recours aux emprunts en rentes perpétuelles sur la Ville de Paris au denier 12 (8 1/3 %); Pompone et le marquis d'O, dont on a dit qu'il avait tous les vices sans avoir aucune vertu; il excitait encore à la dépense le plus prodigue des monarques.

Les tailles furent portées, pendant la Ligue, à une valeur triple de ce qu'elles avaient été sous Charles IX, et l'on fit vingt-sept créations de rentes en l'espace de quatorze ans.

III

Le luxe, qui s'était introduit en France à la suite des guerres d'Italie, avait ruiné en partie la noblesse, pendant qu'à la faveur du commerce et de l'industrie s'étaient élevés à Paris des financiers d'origine française ou étrangère. Dans la rue des Lombards étaient les changeurs, banquiers et usuriers qui faisaient le commerce au lingot, de façon à braver toutes les altérations des monnaies, et, sur le quai des Orfèvres, dont les balances se transmettaient de père en fils depuis le plus haut Moyen-Age, on se livrait parfois au rognage des espèces, opération rendue facile par l'inégalité des pièces frappées au marteau et dont les bénéfices faisaient oublier la crainte de la potence.

IV

Les financiers de cette époque étaient toujours un peu des diplomates. Quand deux princes souverains faisaient alliance, ils donnaient chacun un banquier répondant de leur engagement. Il en résultait que celui-ci intervenait au traité. Ainsi mêlé aux questions d'Etat, il ne pouvait manquer d'acquérir des qualités de négociateur.

Zamet était doublement habile, comme financier et comme italien. Fils d'un cordonnier de Lucques, et venu en France par la protection de Catherine de Médicis, il fut d'abord valet de garde-robe, attaché à Henri III à qui il sut plaire par sa bonne humeur et ses facéties. Les profits de ses fonctions fructifièrent vite entre ses mains et, en 1585, il pouvait mettre 70.000 écus dans la ferme des sels. Il était devenu le banquier de son ancien maître, qui assignait un jour au duc d'Epernon une somme de 300.000 écus à prendre sur Zamet.

Après la mort du roi, le financier se fit banquier des Ligueurs, mais n'en resta pas moins bien avec Henri de Navarre, à qui le duc de Mayenne l'envoyait quand il avait à négocier.

Ce fut encore Zamet qui fournit à Henri IV les fonds nécessaires pour apaiser les chefs populaires quand Paris lui ouvrit ses portes. Les sommes payées aux seigneurs récalcitrants se montèrent à 32 millions de livres.

Henri IV conserva toujours beaucoup d'affection à Zamet, et l'on trouve fréquemment, dans le *Journal de l'Etoile*, cette mention : « Le roi est venu à Paris et a couché chez Zamet. »

L'hôtel que s'était fait construire le financier rue de la Cerisaie était le plus joli et le mieux meublé du Paris d'alors :
— Sire, disait Zamet, en le faisant visiter au roi, j'ai ménagé

ici ces deux salles, là ces trois cabinets que voit Votre Majesté. — Oui, oui, et de la rognure j'en ai fait des gants, lui répondit Henri IV, citant un refrain de chanson avec une bonhomie malicieuse.

Marie de Médicis, en arrivant à Paris, prétendait insolemment qu'on la mystifiait : « Ce n'est pas ici le Louvre, dit-elle en arrivant au palais du roi ; on me trompe, ce ne peut être le Louvre qui est aussi mal meublé. »

On dut la conduire chez Zamet, où elle passa quinze jours, en attendant qu'on eût arrangé ses appartements à son goût.

Baron de Murat et de Billy, seigneur de Beauvoir et de Cazabelle, Zamet resta le confident de la reine, après la mort d'Henri IV. Il présida à la construction de la place Royale et du Luxembourg.

DEUXIÈME PARTIE

DE SULLY A TURGOT

CHAPITRE PREMIER

I. Le Trésor à sec et la France ruinée. — II. Sully organise les finances. — III. Les idées économiques d'Henri IV et de Sully. — IV. Les monnaies.

I

Quand Henri IV reçut la soumission des chefs de la Ligue, la guerre civile durait depuis trente ans. La France tout entière était ravagée. Un bourgeois de Senlis racontait comment, les troubles finis, les habitants allaient hors de la ville pour reconnaître leurs héritages : « Mais quoi ! ils ne voyaient que des ruines telles qu'ils ne pouvaient rien reconnaître, étant les laboureurs, femmes, enfants, serviteurs et servantes décédés, ni demeuré personne des lieux et villages qui leur put enseigner quelques pièces, ayant été dix ans sans sortir de la ville. » Telle était la situation dans toute l'étendue du territoire, ravagé tant par les reîtres et les lansquenets allemands au service du Béarnais que par les Espagnols auxiliaires de la Ligue. Les paysans avaient été contraints de livrer l'argent de leur cachette aux soldats qui leur chauffaient les pieds avec une pelle rouge, qui les pendaient par les aisselles, les enfermaient dans un four jusqu'à ce qu'ils eussent sorti leur dernier écu. La misère de la vie avait dépassé toute idée et, même le retour de la paix ne semblait pas devoir permettre encore aux paysans de cultiver leurs terres et de relever leurs chaumières, car les soldats congédiés se transformaient en brigands. Le début du règne d'Henri IV fut aux prises avec les plus grands embarras d'argent. Comment faire payer l'impôt à ce malheureux peuple tondu et retondu jusqu'à l'os par les gens de guerre? Et le peu de fonds qui rentrait au Trésor était pillé par des intendants avides. Le roi lui-même manqua souvent du nécessaire. Il décrivait son dénûment à Sully dans une lettre restée célèbre. Pendant qu'il n'avait ni chemises ni mouchoirs, le marquis d'O, qui avait conservé la surintendance des finances, se faisait servir à ses soupers des tourtes de musc et d'ambre qui revenaient à vingt-cinq écus [1].

A la mort de celui-ci, Henri IV supprima la surintendance, qu'il remplaça par un Conseil des finances composé de huit membres; mais il n'eut pas lieu de s'en applaudir : « Je me suis donné huit mangeurs au lieu d'un seul que j'avais auparavant, écrivait-il; ces coquins, avec cette prodigieuse quantité d'intendants qui se sont fourrés avec eux, par compère et commère, mangent le cochon ensemble et ont consommé plus de cent mille écus, qui étaient somme suffisante pour chasser l'Espagne de France. »

La dette était énorme; elle exigeait un intérêt de 16 millions. Des pensions considérables avaient été accordées aux chefs de la Ligue et le crédit de la France était anéanti.

En 1599, sur 200 millions que payait le peuple, les caisses publiques n'en recevaient que 25, sur lesquels, l'intérêt de la dette étant prélevé, il ne restait que 9 millions pour subvenir aux besoins de l'Etat.

(1) L'exemple de cet illustre larron ne fut pas perdu pour ses domestiques. Quand il fut sur le point de mourir, ils se mirent à piller la chambre sous les yeux du moribond. Il ne restait plus que les quatre murs quand il expira.

II

Sully était un vieux compagnon d'armes d'Henri IV; il s'était mis à douze ans au service du roi de Navarre qui, lui-même, en avait alors dix-huit, et depuis ne l'avait pas quitté.

Sully était alors un gentilhomme pauvre; mais il épousa une riche héritière, Anne de Courtenay, dont il sut habilement administrer la fortune, et il devint assez riche pour pouvoir prêter, à l'occasion, de l'argent à son maître.

Conseiller des finances depuis 1594, Sully se mit à examiner les comptes de finances et ne tarda pas à découvrir des abus de toutes sortes; c'est ainsi, par exemple, que les cinq grosses fermes [1] avaient été affermées au quart de leur valeur parce que les traitants, de connivence avec les membres du Conseil, partageaient les profits.

Ainsi en était-il de tous les revenus royaux.

Sully, continuant son enquête, se mit alors à parcourir les provinces, pour examiner la comptabilité des receveurs. Il se fit livrer les registres, inspecta les comptes, cassa les fonctionnaires coupables, et revint, ramenant soixante-dix charrettes remplies de 500.000 écus, qu'il avait arrachés aux mains des intendants et des receveurs.

En 1596, le roi réunit à Rouen une Assemblée de notables qui vota, sous le nom de *pancarte*, un impôt nouveau d'un sou par livre, c'est-à-dire du vingtième de toutes les marchandises vendues; ils stipulèrent que leurs délégués, formant un Conseil de raison [2], seraient chargés de la levée et de l'emploi du nouvel impôt; mais, au bout de trois mois, les conseillers, membres du Conseil de raison, qui n'entendaient rien aux

(1) On appelait les « cinq grosses fermes » les cinq principales sources de l'impôt affermé.

(2) Le mot raison était autrefois synonyme de compte. Un livre de raison était un livre de comptes.

affaires, vinrent demander au roi de reprendre seul le maniement des deniers publics.

Au marquis d'O avaient succédé, à la direction des finances, Incarville et Sancy ; l'un étant mort et l'autre s'étant retiré, Henri IV rétablit pour Sully la direction des finances en 1599.

Celui-ci se mit dès lors à réorganiser tout le service des finances, poursuivant le triple but de réprimer les abus, d'augmenter les recettes, de diminuer les dépenses.

En 1601, une Chambre spéciale fut instituée pour connaître des malversations des fonctionnaires de finances.

Pour éviter désormais toute possibilité de fraude dans la comptabilité, il envoya aux receveurs des modèles de compte, qu'il leur demanda de renvoyer avec pièces justificatives. Il leur retirait en même temps tous les moyens jusqu'alors en usage pour faire des profits, comme prétendues non-valeurs, mauvais deniers, frais de Domaine, remises, dons, droits, taxations, attributions d'office, paiement de rentes, frais de voitures, épices, émoluments, frais de reddition de compte.

Le roi, pour désarmer des grands seigneurs hostiles, leur avait accordé l'autorisation de percevoir certains impôts; Sully leur racheta ces concessions; puis, par des baux faits avec des sous-fermiers dans des conditions favorables, il augmenta les revenus de ces taxes.

Une grande partie du Domaine royal avait été usurpée ou achetée à vil prix. Sully la fit rendre à l'Etat.

De riches bourgeois s'étaient emparés de titres de noblesse. Sully les obligea à payer la taille, dont ils se prétendaient exempts de par cette prétendue noblesse.

Tel fut le résultat des réformes du grand ministre sur la situation financière de la France, que la dette, qui était d'environ 340 millions en 1597, fut réduite, en 1610, à 240 millions, et que les exercices de chaque année se soldaient en bénéfice. Vers la fin du règne, la taille put être diminuée de 20 millions à 14 millions. Henri IV ordonna que les excédents fussent déposés en espèces dans les caves de la Bastille et, à sa mort, il s'y trouva près de 42 millions.

Nos arsenaux étaient pleins et de grands travaux avaient été exécutés à Paris et dans toute la France : on avait construit des églises, des hôpitaux; établi des routes; terminé le pont Neuf et la place Dauphine; bordé la Seine de quais; planté des arbres au bord des routes; constitué une flotte.

III

On sait qu'Henri IV et Sully n'étaient pas toujours d'accord. En économie sociale, ils procédaient de doctrines opposées. Sully ne faisait consister la richesse d'un Etat que dans la production du sol. Il était peu partisan des manufactures qu'Henri IV, au contraire, aimait à protéger et à encourager. Ennemi du luxe et fermé à l'intelligence de notre caractère national comme au sentiment de l'art et des élégances mondaines, il aurait voulu faire de la France un peuple de laboureurs et de pasteurs. Il fit des lois somptuaires, interdit de porter des étoffes brodées en or et en argent, eût voulu que tout le monde allât vêtu de bure et de linon.

Des fabriques de soie ne furent pas moins établies.

Les premiers bas de soie faits en France furent offerts à Henri IV, qui les mit immédiatement et les montra avec orgueil à tous ses courtisans. On calcula que, par la création de cette industrie, la France était exemptée d'un impôt de 300.000 écus que payaient à l'étranger les 50.000 personnes qui portaient des bas de soie dans notre pays.

Des traités de commerce furent signés avec la Turquie pour obtenir le renouvellement des capitulations favorables aux Français dans le Levant et le droit de pêcher le corail sur les côtes barbaresques, et avec l'Angleterre pour établir la liberté et l'égalité des échanges commerciaux entre les deux peuples.

Henri IV créa une Commission chargée de s'occuper des questions relatives à l'intérêt du commerce et qui devint plus tard le Conseil du commerce.

Le commerce extérieur ne fut pas oublié non plus sous son règne, et une association des Indes orientales obtint du roi le monopole du commerce des Indes pour quinze ans.

IV

La refonte des monnaies avait été, au Moyen-Age, une des ressources financières le plus souvent employées par les rois. Quelques-uns, comme Philippe le Bel, altéraient la nature du métal en y mêlant du cuivre en trop forte proportion, ce qui passait dès cette époque pour un acte coupable et ce qui valut à ce prince le surnom de « faux-monnayeur »; les autres attribuaient à l'espèce une valeur trop sensiblement supérieure à celle de son poids, procédé qui semblait l'exercice d'un droit légitime de la souveraineté et qui fut continué jusqu'à la fin de l'ancien Régime. Le droit qu'un souverain prélevait sur la monnaie qu'il mettait en circulation, et qui représentait la différence entre le cours commercial et le cours légal du marc d'argent, s'appelait « seigneuriage. »

Le prince, suivant les besoins du Trésor, établissait une proportion plus ou moins grande entre la valeur du métal brut et la quantité du même métal monnayé; mais il en résultait, pour certaines monnaies, une dépréciation inévitable et une préférence pour les monnaies anciennes ou étrangères, dont le titre était plus en conformité avec le coin. Celles-ci augmentaient d'une valeur égale à la diminution de degré des pièces nouvelles.

Sully, qui eut recours à cet expédient traditionnel du « seigneuriage », essaya d'empêcher que les pièces étrangères ne fissent prime sur les siennes en les interdisant; mais cette interdiction, dont les gouvernements ne s'étaient pas encore avisés, fut nuisible au commerce en rendant difficiles les transactions. Exception dut être faite pour la monnaie espagnole, qui était répandue en immense quantité dans le royaume [1]; mais il est douteux que, pendant d'assez longues années, les pièces étrangères en circulation aient pu en être retirées. Il y en avait de toutes sortes, des temps et des pays les plus lointains : albertus de Flandre, angelots, jacobus et nobles à la rose d'Angleterre, ducats de Bohême, de Hongrie ou de Pologne, augustes de l'empereur Frédéric, ducats de Sicile, florins de Florence, oboles et besans de Constantinople.

Cette énumération fait comprendre l'utilité des balances chez les changeurs et les banquiers.

La meilleure monnaie était alors celle de Florence, dont le florin d'or était pris pour étalon; il était d'or pur à 25 carats [2] et valait 12 fr. 17 en monnaie actuelle, valeur intrinsèque.

Sully substitua le mode de compter par livres à celui autrefois en usage, de compter par écus. Il estimait avec raison que le compte par écus avait fait renchérir le prix de toute chose.

(1) Le mot pistole, qui désigne une monnaie étrangère et plus spécialement espagnole, est resté usité de nos jours. Il est curieux de noter qu'il n'existe en ce sens ni en espagnol ni en italien. On appela d'abord pistolets des dagues de forme réduite qui furent fabriquées à Pistoie; plus tard, quand on fit de petites arquebuses, on leur donna le nom de pistolet pour signifier une réduction d'arquebuse et, plus tard encore, lorsque l'Espagne frappa de petits écus, on donna à ces diminutifs des écus ordinaires le nom de pistolets ou pistoles.

(2) Pour évaluer la pureté de l'or on a supposé que tout objet en or formait un composé fictif de 24 parties; chacune de ces parties est un carat; l'or parfaitement pur est dit de 24 carats, celui qui renferme un 24me d'alliage est à 23 carats. Aujourd'hui, le titre ne se comptant plus que par millième, un carat équivaut à 42 millièmes. Le mot carat semble venir de l'arabe « qirat », petit poids qui est le 24me d'un denier. Selon d'autres il serait le nom de l'*erythrina*, arbre d'Abyssinie, que les Changallos appellent *cuare* et dont les semences de la fève servent à peser l'or.

———×———

CHAPITRE II

Louis XIII

I. Marie de Médicis et le gaspillage. — II. Jeannin, Schomberg, Marillac, d'Effiat. — III. La Banque et la Bourse.

I

Quand Sully apprit la mort d'Henri IV, il s'écria : « La France va tomber en d'étranges mains. »

Louis XIII n'avait que neuf ans et le duc d'Epernon, chef de la noblesse, fit donner la régence à Marie de Médicis. Elle se hâta de renvoyer l'importun Sully qui se fût opposé au gaspillage du Trésor, supprima la charge de surintendant et mit les finances sous la direction de Jeannin, Châteauneuf et de Thou. Ce dernier se retira presque aussitôt.

Concini et sa femme Léonora Galigaï, sœur de lait de la reine, ne songeaient qu'à s'enrichir au plus vite pour aller jouir ensuite en Italie de la fortune qu'ils auraient amassée. Ils pillèrent et laissèrent piller pour se faire des amis.

C'en fut fait bientôt des millions de la Bastille, et le Conseil des finances, qui n'avait été d'abord occupé qu'à distribuer des libéralités aux seigneurs, dut se mettre à la tâche plus ingrate de procurer des ressources au Trésor vide.

Il eut recours à toutes sortes de misérables expédients qui paralysèrent le commerce et ébranlèrent la confiance. On réclama le paiement de dettes abolies; on créa, pour les vendre, des charges et des offices inutiles qui furent autant d'entraves aux affaires; on vendit des lettres de rémission pour divers délits.

On vit inaugurer, à cette époque, une spéculation qui fut plus d'une fois renouvelée depuis aux époques où les finances publiques étaient en mauvais état. Le Trésor ne pouvant payer les fournisseurs, les trésoriers achetaient à vil prix les créances de ceux-ci et, grâce à leur situation, ils s'en faisaient solder le montant entier.

II

La reine trouvait que le président Jeannin n'était pas d'assez bonne composition; elle le congédia et le remplaça aux finances par Barbin, avec le titre de contrôleur général; mais la fin tragique de Concini, assassiné, fit peur au nouveau ministre qui prit la fuite.

Jeannin fut rappelé et garda jusqu'à sa mort les fonctions de surintendant.

Schomberg lui succéda; puis la Vieuville, dont on voulait examiner les comptes, et qui se réfugia en Angleterre, mais pour en revenir quelques années après et reprendre son poste de surintendant.

Michel de Marillac, surintendant des finances, puis garde des sceaux en 1624, sur la désignation de Richelieu, fit la guerre aux financiers. Il institua une Chambre de justice pour connaître des malversations commises depuis 1607 par les traitants. Quelques-uns passèrent la frontière; plusieurs furent condamnés par contumace et pendus en effigie; un seul fut exécuté.

Plus tard, quand Richelieu se brouilla avec la reine-mère,

Marillac prit parti pour elle et, impliqué dans un complot, il fut mis en prison et y mourut.

Le marquis d'Effiat, père du malheureux Cinq-Mars, se montra habile et fécond en ressources comme surintendant des finances. Il sut trouver à Richelieu des fonds pour le siège de La Rochelle et, malgré la pénurie du Trésor, pendant la guerre contre les Protestants, il n'emprunta qu'à 10 %, alors que les fermiers, qui prenaient les impôts à bail, avaient l'habitude de recevoir 20, 25 et 30 % de leurs avances.

Le premier impôt sur le tabac date de l'administration de d'Effiat. Par une déclaration de décembre 1629, le *pétun*, c'est ainsi qu'on appelait alors le tabac, était soumis à une taxe de trente sous par livre quand il provenait des colonies étrangères.

Après d'Effiat, la surintendance fut partagée entre Bullion et Bouthillier; puis, à la mort de Louis XIII, Anne d'Autriche ayant pris Bailleul pour chancelier, lui donna aussi la place de surintendant des finances.

III

Le commerce de la Banque s'était développé pendant les règnes d'Henri IV et de Louis XIII.

Il existait alors à Paris un grand banquier français nommé Roger Desjardins; mais il ne put prêter à Richelieu les sommes énormes qui lui étaient nécessaires pour la poursuite de sa politique et pour soutenir le faste de sa maison, dont les seules dépenses s'élevaient à plus de 4 millions par an. Le cardinal dut s'adresser à des financiers étrangers établis chez nous, à l'italien Lumagne et au portugais Lopez [1]. Pendant qu'il com-

(1) Il faut encore citer parmi les financiers étrangers établis en France l'italien Bartoletti.

battait les protestants français, il encourageait et soutenait ceux d'Allemagne contre la maison d'Autriche par des subsides qu'il leur envoyait à Hambourg.

C'est de cette époque qu'on peut dater l'histoire de la finance moderne. A la fin du XVIe siècle, les opérations auxquelles donnaient lieu les emprunts successifs des gouvernements étaient déjà assez importantes pour qu'on créât des courtiers en titres. Au nombre de huit d'abord, ces ancêtres de nos agents de change furent portés à trente par Louis XIII, et un édit de 1638 leur ordonna de faire bourse commune « du quart des profits ». Ce fut l'origine du fonds de réserve.

Il se tenait alors déjà une sorte de Bourse, et ce mot même, avec le sens de réunion de financiers pour vendre et acheter des valeurs, était en usage dès le règne d'Henri III. Le rendez-vous fut d'abord place au Change, puis place Dauphine, d'où il fut porté, sous la Régence du duc d'Orléans, devant l'hôtel de Law, rue Quincampoix, pour passer ensuite successivement à l'hôtel de Nevers, rue Vivienne, où il resta jusqu'à la Révolution [1].

(1) On a remarqué que l'heure de la Bourse actuelle correspondait à ce qu'on appelait « l'heure de la Place » au temps des réunions de la place Dauphine. Elles avaient lieu à midi et demi, au moment de la sortie de l'audience des magistrats au Palais de Justice.

———×———

CHAPITRE III

La régence d'Anne d'Autriche

I. Le gaspillage et les expédients. — II. Fouquet et Mazarin. — III. La chute de Fouquet

---

I

Le gaspillage et le désarroi du temps de Marie de Médicis furent encore dépassés par la Régence d'Anne d'Autriche. « La reine est si bonne! » disait-on. Il semblait qu'il n'y eût plus d'autre mot dans la langue française. Elle donnait à quiconque lui demandait et ne savait même pas ce qu'elle donnait.

Un jour sa femme de chambre, la Beauvais, lui reprocha, en l'habillant, de n'avoir encore rien fait pour elle : « C'est vrai, dit la reine; eh bien! je veux réparer mon oubli, je te donne les cinq grosses fermes ». Un instant après, au Conseil, lorsqu'elle présenta cette donation à l'enregistrement, Anne d'Autriche fut bien étonnée quand on lui fit observer que les cinq grosses fermes constituaient le principal revenu du royaume : — Je vous en entendais toujours parler, dit-elle à ses ministres, je croyais qu'il s'agissait d'un domaine qu'on appelait ainsi...

Au milieu de tant de prodigalités, Louis XIV enfant manqua souvent du nécessaire et les pages de sa chambre furent congédiés parce qu'on n'avait pas de quoi les nourrir. Il racontait plus tard qu'il était tombé un jour dans le bassin du Palais-Royal sans que personne s'en fût aperçu.

Le surintendant Bailleul eut recours, comme quelques-uns de ses prédécesseurs, à la création d'offices; il révoqua les dons de terres faits par Louis XIII pour pouvoir assigner aux traitants des reprises pour le montant de leurs avances, mit les tailles en régie, força les bourgeois riches à acheter des titres de noblesse qu'il leur fit payer très cher.

Un Italien (1), Perticelli, sieur d'Emeri, fils d'un paysan de Sienne, fut nommé en 1643 par Mazarin contrôleur des finances, et en 1648 surintendant. Il eut la première idée de l'octroi et établit des droits d'entrée à Paris; mais il fonda l'Opéra, pour consoler les Parisiens, qui ne lui pardonnèrent cependant pas ses exactions, son luxe, ses débauches.

Il créa vingt-quatre nouveaux maîtres des requêtes à qui il fit payer leur office, inventa des charges ridicules qu'il mit à l'enchère, aliéna 1.500.000 livres de rentes, augmenta les droits du sceau et différa le paiement de quatre quartiers de rentes.

Enfin il exhuma un édit caducaire de 1548 qui défendait d'agrandir Paris et infligea à tous ceux qui avaient construit au delà de l'enceinte désignée la peine de démolir leurs bâtiments; mais il prit des arrangements avec beaucoup de délinquants et leur permit de conserver leurs maisons moyennant le paiement d'une forte indemnité. L'opération ordonnée à cet

(1) Un autre Italien, Lorenzo Tonti, introduisit chez nous à la même époque le système des emprunts en rentes viagères; il créa ce que l'on appela de son nom les « tontines ». Les rentes étaient réparties en plusieurs catégories et payables au dernier vivant de chaque classe. Mazarin rendit un édit en 1653 pour l'établissement d'une tontine à Paris, mais le Parlement refusa de l'enregistrer. Ce ne fut qu'en 1689 que Louis XIV appliqua l'idée de Lorenzo Tonti par la création d'une tontine de 1.400.000 livres de rentes. Huit ou neuf autres tontines furent encore instituées jusqu'en 1759, mais un arrêt du Conseil de 1770 interdit ce mode d'emprunt jugé trop onéreux. Il y eut pendant le XVIIIe siècle d'assez nombreuses tontines privées; les plus connues furent la Compagnie royale d'assurances, fondée en 1787, et la Caisse Lafargue, ouverte en 1791. Établies sur des calculs de mortalité erronés, elles finirent toutes deux misérablement et durent être mises en gérance par décret.

égard par le Gouvernement fut nommé le *toisé*. Elle excita de violents murmures et, sur les réclamations du Parlement, l'édit fut retiré.

Toutes ces odieuses ressources n'étaient pas encore assez; on promettait une gratification à qui inventerait un nouvel impôt. Telle était la pénurie du Trésor qu'Emeri accorda pour un million la jouissance pendant dix ans des impôts et billots [1] de Bretagne qui rapportaient 500 mille livres par an. C'était toujours ainsi. Pour se procurer un million, Emeri en abandonnait quatre ou cinq aux traitants.

De concert avec Mazarin, Emeri voulut retenir quatre années de gages aux membres de toutes les cours souveraines à l'exception du Parlement de Paris, que ce méprisable personnage croyait ainsi ménager. Il menaçait aussi de supprimer le droit de *Paulette*, qui assurait dans les familles de magistrats l'hérédité de leurs charges, ce qui eût permis au Gouvernement de les revendre à la mort de chaque titulaire.

Le grand Conseil, la Cour des Comptes, la Cour des Aides élevèrent de vives protestations, et le Parlement, se solidarisant avec eux, rendit l'arrêt dit d'*Union*, portant que deux conseillers, choisis dans chacune de ses chambres, conférerait avec les députés des autres compagnies judiciaires dans l'intérêt de toutes. En même temps, le Parlement s'occupait de la situation financière du royaume. La Chambre de Saint-Louis vota vingt-sept articles qui devaient être proposés à la sanction d'Anne d'Autriche.

Tout en laissant paraître, par certaines de leurs dispositions, de la malveillance contre les gens de finances, et une connaissance incomplète des conditions du crédit public, les magistrats prenaient quelques utiles mesures et faisaient d'excellentes

(1) On appelait ainsi les péages à cause de la tige de bois au billot à laquelle était attachée la pancarte indiquant le droit de passage.

réformes; ils défendaient, sous peine de mort, de lever aucune taxe autrement qu'en vertu d'édits vérifiés par les cours souveraines.

Ce furent ces articles, discutés au Parlement et rejetés par la Régence, qui donnèrent lieu aux troubles de la Fronde.

II

Emeri s'étant retiré avec une grande fortune dans sa magnifique terre de Tanlay, eut pour successeurs, dans la direction des finances, de Maisons et La Vieuville, à qui l'on ne gardait pas rigueur des comptes de son premier ministère ni de sa fuite en Angleterre.

La régente Anne d'Autriche, forcée par les événements de quitter Paris, y rentra en octobre 1652 avec le jeune Louis XIV, qui venait d'atteindre sa majorité.

Les finances étaient dans le plus déplorable état au sortir de cette guerre civile de cinq ans. Les dégâts causés dans les provinces par les armées des deux partis; la ruine du commerce et des manufactures; le gaspillage des deniers publics par des ministres d'aventure; les prodigalités de la reine; les dilapidations de Mazarin; les sommes données à la cabale des importants, au prince de Condé, au duc de Beaufort, à Retz, à tous les chefs qui vendaient leur désarmement ou leur bienveillance, avaient depuis longtemps vidé les caisses du Trésor.

On continuait à promettre une prime à ceux qui inventeraient de nouveaux impôts. On mit des taxes sur les baptêmes et les enterrements, fiscalité symbolique qui prenait l'homme à son berceau et l'accompagnait jusqu'à la mort [1].

(1) C'est à juste titre qu'on a défini l'homme « a tax paying animal ».

On nous permettra de répéter ici une boutade de lord Brougham, par laquelle il terminait un jour devant le Parlement anglais l'énumération des diverses taxes auxquelles était soumis le sujet britannique : « Enfin, disait-il, l'Anglais a l'agonie versant

C'est dans ces circonstances difficiles que Fouquet, procureur général du Parlement, fut appelé à l'administration des finances, en collaboration avec Abel Servien. Fouquet était chargé des recouvrements et Servien des dépenses; mais Fouquet absorba les deux fonctions et plus tard, quand son collègue se retira, il resta seul chargé de la surintendance.

Il s'efforça d'abord de rendre la confiance aux financiers que menaçaient des perquisitions et des visites domiciliaires destinées à donner satisfaction à l'opinion populaire, qui leur attribuait les malheurs du temps; il les rassura, les engagea à reprendre leurs transactions, en aida même quelques-uns dont le crédit était ébranlé.

Fouquet possédait une grande fortune, acquise par son père dans le commerce maritime en Bretagne. Il cautionna lui-même le roi de sa propre signature et s'engagea personnellement pour lui; il aliéna une partie de son bien et de celui de sa femme, pour fournir aux dépenses de la Cour et du Gouvernement.

Les négociations avec les grands et les membres du Parlement obligeaient à des dépenses secrètes dont le motif n'était connu que du surintendant et de Mazarin. Le premier ministre écrivait simplement, pour toute justification, en marge des pièces constatant une sortie de fonds : « Je sais le motif de ces dépenses. » Beaucoup de ces sommes n'allaient-elles pas tout simplement dans les cassettes de Mazarin? Il est permis de le supposer quand on songe à la fortune colossale qu'il laissa à ses nièces. Aussi, quand Louis XIV demandait de l'argent à son surintendant, celui-ci lui répondait : « Sire, il n'y

une médecine qui a payé 7 % dans une cuillère qui a payé 15 %, se rejette sur un lit d'indienne qui a payé 22 %. Il fait son testament sur un timbre qui a coûté 8 livres sterling, et il expire dans les bras d'un apothicaire qui a payé 100 livres pour avoir le droit de le faire mourir. Ses propriétés sont taxées de 2 à 10 %; on exige encore des droits énormes pour l'enterrer dans le cimetière; ses vertus sont transmises à la postérité sur un marbre taxé, et ce n'est enfin que lorsqu'il est réuni à ses ancêtres qu'il a cessé de payer la taxe. »

a rien dans le coffre de Votre Majesté, mais M. le Cardinal vous en prêtera. »

L'accord ne se maintint pas longtemps entre Fouquet et Mazarin. Le surintendant, entouré de grands seigneurs à qui il laissait puiser dans sa bourse, et de gens de lettres qui chantaient ses louanges, ne tarda pas à porter ombrage au cardinal.

Le premier ministre n'osa pas lutter ouvertement contre lui. Il craignait que le Parlement, encore agité de l'esprit de la Fronde, ne prît parti pour son procureur général. Il se borna à ménager un rival à Fouquet dans la personne de Colbert, à qui il confia peu à peu des attributions retirées au surintendant, dont la position était ainsi minée sourdement.

Mazarin mourut sans avoir eu le temps d'achever la perte de Fouquet, contre lequel il s'était d'ailleurs gardé de faire aucune démonstration d'hostilité; dissimulant sa haine jusqu'à la fin, il le nomma même un de ses exécuteurs testamentaires; mais on peut présumer qu'il ne l'épargna pas dans les derniers entretiens qu'il eut avec le roi.

III

Au lendemain de la mort du cardinal, Fouquet put se croire parvenu au plus haut degré de la faveur. Le roi avait bien déclaré qu'il gouvernerait désormais par lui-même; mais cette parole ne semblait à tout le monde qu'une boutade et la Cour s'attendait à voir le surintendant appelé à la succession de Mazarin.

Dès lors, cependant, la perte de Fouquet était résolue dans l'esprit du roi.

Il n'était défendu encore que par la protection de la reine, qui gardait le souvenir des services rendus par Fouquet dans les temps difficiles et par sa charge au Parlement, dont on craignait de mécontenter les membres en le persécutant.

La reine fut circonvenue par les supérieures de deux couvents qu'elle visitait souvent. Elles parvinrent à lui persuader que défendre le surintendant, c'était pécher contre sa conscience et contre ce qu'elle devait à l'Etat.

Restait l'obstacle du Parlement. Colbert et Louis XIV lui-même firent tant de belles promesses à Fouquet qu'ils le décidèrent à vendre sa charge, sur le prix de laquelle il donna un million au roi. Louis XIV avait fait de cette vente une condition de sa nomination au poste de premier ministre. Fouquet se croyait à l'apogée de la faveur et de la puissance. C'est à ce moment qu'eut lieu la fameuse fête de Vaux, pour laquelle on avait lancé six mille invitations (1). C'est là que fut donnée la première représentation des *Fâcheux*, de Molière. Chaque courtisan trouva dans sa chambre une bourse remplie d'or pour le jeu, et il fut tiré, entre les invités, une loterie dont les lots étaient des bijoux, des armes, des chevaux de prix.

Louis XIV, continuant à dissimuler, ne voulut pas arrêter Fouquet à Paris, dans la crainte de l'émotion que causerait cet événement. Il partit pour Nantes, accompagné du surintendant.

Au Conseil qui fut tenu dans cette ville, le roi eut pour la première fois une attitude qui inquiéta Fouquet.

Le marquis d'Artagnan, commandant la première compagnie des gardes, avait l'ordre de l'arrêter dans le vestibule; mais Fouquet passa si vite qu'il était déjà sur la place de la Grande-Eglise quand d'Artagnan s'aperçut que le Conseil était fini.

(1) Le château de Vaux avait coûté 18 millions à bâtir et le parc occupait le territoire de trois villages démolis. Partout on y voyait les armes du maître du logis : un écureuil poursuivant une couleuvre, dans lesquelles on trouva une allusion à la guivre de l'écusson de Colbert, avec la devise : « Quo non ascendam? » Les eaux de Vaux étaient alors les plus belles de France. Le duc de Villars, devenu propriétaire du château, vendit pour 490.000 livres le plomb provenant des bassins.

Il courut après lui avec deux mousquetaires, le rattrapa, entouré d'une troupe de courtisans, et, le prenant par le bras, l'arrêta au nom du roi.

Le procès de Fouquet dura trois ans et fut suivi, à Paris, avec un intérêt passionné. Ses amis ne l'abandonnèrent pas dans l'infortune et prirent sa défense avec énergie : Pellisson, son premier commis, qui partagea sa disgrâce et écrivit dans sa prison trois mémoires pour son ancien protecteur; La Fontaine, qui fit une admirable élégie sur le malheur de Fouquet; Mme de Sévigné et Mlle de Scudéry, Gourville, Saint-Evremont, etc.

Jugé et condamné au bannissement par une Commission qui était en grande partie composée de ses ennemis, Fouquet vit aggraver sa peine par le roi, qui la commua en une détention perpétuelle.

Il mourut au château de Pignerol, en 1680, après dix-neuf ans de captivité.

Un des fils de Fouquet, le marquis de Belle-Isle, fut le père du maréchal de Belle-Isle, qui s'illustra par la retraite de Prague.

———×———

CHAPITRE IV

Colbert

I. Caractère de Colbert. — II. Son administration. — III. La régie des monnaies. — IV. La mort de Colbert.

I

La surintendance fut supprimée après Fouquet, et Colbert reçut le titre de contrôleur général. Son caractère était bien différent de celui de son brillant prédécesseur. Il avait l'accueil glacial et le ton rude. Mme de Sévigné l'appelait : « Le Nord ».

L'opinion publique était restée favorable à Fouquet, et on reprochait à Colbert sa perfidie envers lui. Le poète Esnault écrivit contre lui un sonnet fameux où il lui prédisait le sort de sa victime et qui se terminait par ces vers :

> Cesse donc d'animer ton prince à son supplice
> Et près d'avoir besoin de toute sa bonté,
> Ne le fais pas user de toute sa justice.

Colbert, à qui on parlait de cette pièce, demanda si le roi y était insulté. « Non, » lui répondit-on. — « Eh bien! alors je ne le suis pas non plus, » répondit-il.

« Esprit solide, mais pesant, né principalement pour le calcul, dit l'abbé de Choisy, Colbert débrouilla tous les embarras que ses prédécesseurs avaient mis exprès dans les affaires. Une application infinie lui tenait lieu de science. »

Sa qualité dominante était l'ordre. Il réorganisa la ferme et imposa aux fermiers des conditions assez dures. Persuadé que, grâce à l'excellence de son administration, il n'aurait plus jamais besoin de leurs avances, il fit rendre un arrêt du Conseil qui interdisait aux traitants, sous peine de mort, de donner aucune anticipation au roi. Il avait compté sans les guerres de Louis XIV. Plus tard, quand il se vit contraint d'emprunter aux fermiers généraux, il voulait d'abord faire rapporter cet arrêt; après réflexion, il estima qu'il valait mieux le considérer comme tombé en désuétude.

II

Colbert joignit bientôt à ses attributions financières celles de cinq ou six ministères de notre époque : agriculture, industrie et commerce, marine, justice, instruction publique et beaux-arts.

Dans ces domaines, il favorisa le commerce en abolissant les douanes intérieures, en faisant réparer les routes auxquelles il en ajouta de nouvelles, en joignant l'Océan à la Méditerranée par le canal du Languedoc; il fonda des compagnies pour exploiter les colonies françaises et fit rendre un édit portant que le commerce maritime ne dérogeait pas à la noblesse; il fit dessécher les marais, mettre en valeur les terres incultes, favorisa par des exemptions d'impôts les familles nombreuses, établit des manufactures de glaces, de dentelles, de soieries, de tapis, et leur donna des subventions pour lutter contre la concurrence étrangère; il fit construire et acheter des vaisseaux, creusa les ports de Brest et de Rochefort, fonda de nombreuses institutions ou écoles de lettres, de sciences et de beaux-arts.

En finance, il diminua, dans le cours de son ministère, le lourd impôt de la taille de 53 millions de livres à 32 millions, en développant les aides ou impôts indirects (1). A l'avènement de Louis XIV, la cote moyenne d'une famille soumise à la taille personnelle était de 56 francs intrinsèques, somme qui représentait, pour un ménage de journaliers, le sixième de son gain annuel.

La taille était du reste fort mal répartie, surtout dans les pays d'élection. Dans les autres provinces, les Etats déterminaient la somme que chaque taillable avait à payer dans la part de contribution à fournir par la région de leur ressort. On appelait, comme nous l'avons dit, ces dernières provinces pays d'Etats.

Colbert dressa les premiers tableaux statistiques qu'on vit en Europe et réduisit l'intérêt légal au denier vingt. Grâce à la régularité qu'il avait substituée au chaos des anciennes finances, les revenus, à sa mort, s'élevaient à 116 millions, les charges n'en absorbaient que 23 et le Trésor royal en recevait 93, alors qu'à la mort de Mazarin, sur 84 millions, les charges en absorbaient 52 et qu'il n'en entrait que 32 au Trésor.

Une sorte de banque publique fut créée, dans laquelle on pouvait à volonté déposer ou retirer ses fonds, qui rapportaient un intérêt de 5 %. Elle rendit de grands services pendant la guerre de 1672. A la paix de Nimègue, les sommes qui y étaient en dépôt se montaient à 14 millions.

Colbert eut le tort cependant d'avoir souvent recours aux expédients désastreux : la suppression de quartiers de rentes

(1) Un impôt qu'il mit en 1682 sur les œufs excita la verve d'un chansonnier, qui fit ce couplet :

« Colbert a fait mettre
Impôt sur les œufs;
De chaque douzaine
Il en prendra deux.
Les poules s'en moquent,
Disant qu'elles ne pondront plus.
Lanturelu, lanturelu, lanturelu. »

dont Boileau parle avec légèreté dans le *Repas ridicule* [1], mais qui troublait profondément les conditions économiques du pays et de la vie sociale.

III

L'administration des monnaies fut mise en régie. Jusqu'alors elles avaient été affermées. Le bail se faisait à un bénéfice convenu sur un nombre de marcs qui devait être fabriqué dans le cours du bail ou bien moyennant une somme fixe et indépendante de la quantité de marcs fabriqués.

L'altération des monnaies avait donné naissance à ce qu'on appelait le *billon*. Ce mot désignait d'abord tout alliage dans lequel le métal précieux était en quantité moindre que les métaux inférieurs et, par suite, toute monnaie d'or et surtout d'argent, où le cuivre se trouvait dans une proportion supérieure au titre légal [2].

On distinguait le haut billon, qui comprenait les espèces contenant de 6 à 10 deniers de loi [3], c'est-à-dire de 6 à 10/12es d'argent pur, et le bas billon, auquel on rapportait les espèces qui étaient au-dessous de 6 deniers de loi.

(1) « D'où vous vient aujourd'hui cet air sombre et sévère,
Et ce visage enfin plus pâle qu'un rentier
A l'aspect d'un arrêt qui retranche un quartier? »

Le chevalier de Cailly disait avec plus d'âpreté :

« De nos rentes, pour nos péchés
Si les quartiers sont retranchés,
Pourquoi s'en émouvoir la bile?
Nous n'aurons qu'à changer de lieu,
Nous allions à l'Hôtel de Ville,
Nous irons à l'Hôtel-Dieu. »

(2) C'est improprement qu'on étend le nom de billon aux monnaies de cuivre et de bronze.

(3) Loi, synonyme d'aloi; titre auquel les monnaies doivent être fabriquées. Du Haillan, dans son traité de *l'Estat de France*, dit : « Les monnoyes de France sont altérées et de mauvaise loy, la corruption de langage dit alloy, mais il faut dire loy, parce que la monnoye est la loy du peuple. »

Toutes ces espèces, défectueuses ou décriées, donnaient lieu, dans le commerce, à des difficultés nombreuses. Saint Louis et François Ier avaient tenté en vain une réforme qui ne fut accomplie que par l'ordonnance du 4 avril 1652. Les monnaies ayant cours depuis cette époque jusqu'à l'établissement du système métrique eurent pour suite la livre tournois, qui équivalait à 0 fr. 9876..., ou à 80/81es de franc. La livre se décomposait en 20 sous et le sou en 12 deniers. Les principales pièces étaient : en or, le louis de 24 livres et le double louis de 48 livres; en argent, la livre, l'écu de 3 livres, l'écu de 6 livres et les pièces de 15 et de 30 sous; en cuivre, le sol ou sou, le liard et le denier.

IV

Les ennemis de Colbert avaient attaqué sa probité. Il présenta son mémoire au roi, par lequel il prouvait que sa fortune, qui se montait en 1683 à 10 millions, était due uniquement aux libéralités qu'il avait reçues de lui et aux traitements de sa charge.

Son administration n'en fut pas moins l'objet de reproches qui ont été reconnus fondés. Son collaborateur et neveu Desmarets, intendant des finances, fut convaincu d'avoir gagné 40.000 livres sur une refonte de monnaies et fut obligé de restituer. Bellinsani, premier commis, dut avouer qu'il avait reçu 50.000 livres de pots de vin. Il dit, pour se défendre, que Colbert en avait eu connaissance et le lui avait permis.

Le caractère entier et les boutades de Colbert avaient fini par être désagréables à Louis XIV qui préférait maintenant Louvois.

Un jour que le contrôleur général lui rendait compte de ce qu'avait coûté la grille qui ferme la grande cour de Versailles, le roi trouva que c'était trop cher. « Il y a là de la friponnerie, » dit-il. — « Sire, je me flatte au moins que ce mot ne s'étend pas jusqu'à moi? » demanda Colbert. — « Non, mais il fallait y faire plus d'attention, » répondit le roi; et il ajouta : « Si vous voulez savoir ce que c'est que l'économie, allez en Flandre, vous y verrez combien les fortifications des places conquises ont peu coûté. »

Cette comparaison avec un rival détesté blessa au vif le contrôleur, qui rentra chez lui plein de rage et de désespoir. Il tomba malade le jour même et se mit au lit pour ne plus se relever.

Louis XIV, apprenant son état, lui envoya une lettre par un de ses gentilshommes. Colbert ne voulait pas le recevoir. « Je ne veux plus entendre parler du roi, disait-il, qu'au moins à présent il me laisse tranquille. » Cédant enfin aux supplications de sa famille, il permit qu'on fît entrer le gentilhomme dans sa chambre; mais il ne lui parla pas et feignit de dormir. Quant à la lettre, il ne l'ouvrit pas.

Colbert avait été ministre pendant vingt-trois ans lorsqu'il mourut en 1683. La Cour le détestait à cause de ses formes acerbes et de sa rigueur; le peuple ne l'aimait pas davantage, car il avait été forcé, pour faire face aux guerres continuelles de Louis XIV, de rétablir une partie des charges qu'on avait cru supprimées définitivement.

Sa fortune semblait le résultat de ses déprédations et on célébra sa mort par des chansons. On dut l'enterrer nuitamment pour épargner les insultes à son cercueil.

Colbert, malgré ses défauts et ses erreurs, fut un des plus grands hommes du siècle de Louis XIV, et aucun autre peut-être ne l'a marqué d'une empreinte plus profonde. On lui doit toutes les réformes qui ont préparé l'organisation de la France moderne. Beaucoup de ses institutions subsistent encore aujourd'hui et contribuent toujours à la gloire et à la prospérité du pays. L'industrie française, jusque là inférieure à celles de l'Italie et des Flandres, prit, grâce à la protection (1) qu'il lui donna, un essor magnifique; il fit fabriquer les points de France, les draps fins de Louviers, d'Abbeville et de Sedan, les tentures des Gobelins, les tapis de la Savonnerie, les soieries de Tours et de Lyon.

Colbert créa les Chambres de commerce, les Chambres d'assurances, les entrepôts, les transits et un nouveau système de douanes. Ce fut lui qui établit l'inscription maritime, que nous avons conservée, et qui assujettit la population maritime des côtes au service de la marine militaire.

La Compagnie des *Indes occidentales*, constituée en 1664 par les soins du ministre, acquit les possessions françaises en Amérique depuis le cap Vert jusqu'au cap de Bonne-Espérance, et une autre Compagnie, celle des *Indes orientales*, établie d'abord à Madagascar, quitta cette île pour installer son siège à Surate et à Pondichéry.

V

Une innovation qui devait marquer dans l'histoire financière se produisit à Lyon pendant l'administration de Colbert.

L'usage était depuis longtemps établi dans cette ville de faire les paiements à quatre époques déterminées de l'année, qu'on appelait les « paiements de Lyon » : 1er mars, 1er juin, 1er septembre et 1er décembre.

(1) Le système de protection s'est appelé de son nom le Colbertisme. On l'a accusé d'attenter à la liberté du commerce, de nuire aux intérêts du plus grand nombre et d'obérer les finances pour augmenter les bénéfices de quelques producteurs. Tous ces reproches sont fondés; mais il n'en est pas moins vrai que, sans la protection de Colbert, les manufactures nouvellement fondées en France n'auraient pu soutenir la concurrence étrangère. Il vient un temps où l'industrie peut et doit se passer de protection; mais quand elle naît, elle est comme l'enfant, il faut qu'on la défende et qu'on veille sur elle.

Afin de simplifier les opérations, les négociants et banquiers qui se rendaient à Lyon y établirent un système de compensation générale par virements de parties; chacun cherchant à compenser les sommes dont il était créancier avec celles dont il était débiteur à l'égard d'autres commerçants, de façon à réduire au minimum ses recettes et ses paiements.

Un règlement pour la ville de Lyon, du 2 juin 1667, enregistré au Parlement, le 18 mai 1668, rendit obligatoire ce système.

Le principe de compensation avait fait établir déjà les banques de virement en Italie, en Hollande, en Allemagne; mais cette compensation ne s'exerçait qu'entre ayant-compte d'une même Banque.

C'est à Lyon qu'on a pratiqué pour la première fois le système des liquidations, par le moyen de compensations établies par un grand nombre de banquiers entre les sommes qu'ils doivent et celles qui leur sont dues.

Savary (1), dans son livre : *Le parfait Négociant* qui fut traduit dans les principales langues de l'Europe, donne des détails sur la méthode de compensation des négociants et banquiers de Lyon. Il est bien probable que c'est là qu'aura été prise l'idée du premier *Clearing-House*, fondé à Edimbourg au XVIIIe siècle.

(1) Eugène Savary (1622-1690), fermier des domaines de la Couronne, prit une grande part à la revision des règlements du commerce et à la réduction de l'ordonnance de 1673, qu'on appela le Code Savary. Son livre « *Le parfait Négociant* » est de 1675.
Savary des Brûlons, son fils, a fait un Dictionnaire du Commerce.

———×———

CHAPITRE V

Les temps difficiles

I. Pontchartrain. — II. Chamillard. — III. Desmarets. — IV. Samuel Bernard.

I

Le Tellier, qui succéda à Colbert, ne resta que peu de temps au contrôle général et céda la place à Pontchartrain, après avoir eu recours à des créations de rentes pour payer la dépense des bombardements d'Alger, de Tunis et de Gênes.

Pontchartrain, contrôleur de 1689 à 1699, ouvrit une tontine de 1.400.000 livres de rentes, augmenta un certain nombre d'impôts et mit un droit de contrôle sur tous les actes des notaires.

En 1695, il établit la capitation, impôt par tête, sur tous les sujets, de quelque condition qu'ils fussent.

On partagea le peuple en vingt classes, afin que le fardeau fût proportionnellement réparti. Supprimée en 1698, à la paix de Ryswick, la capitation fut rétablie en 1701, lors de la guerre de la succession d'Espagne. Elle rapportait environ 21.403.800 livres.

Pontchartrain vendit des titres de noblesse au prix de 200 écus à cinq cents bourgeois et obligea tous les nobles anciens et nouveaux à faire enregistrer leurs armoiries moyennant finances. La permission de cacheter leurs lettres à leurs armes fut aussi taxée. C'était un impôt sur la vanité qui fut payé sans difficulté. Une compagnie de maltôtiers traita l'affaire et avança l'argent.

En 1699, on créa 400.000 livres de rentes viagères. On obtenait 10 % de revenu pour une rente constituée sur une seule tête, 9 % sur deux têtes, 8 1/2 % sur trois têtes, 8 % sur quatre. La mesure pouvait être avantageuse pour le Trésor, mais, ces rentes perpétuelles ou viagères, dont il fut fait un grand abus au XVIIIe siècle, ont donné lieu à de justes critiques. Elles nourrissaient l'égoïsme chez les rentiers et dépouillaient les enfants de la fortune de leur père.

Pas plus que ses prédécesseurs, Pontchartrain ne manqua de recourir à l'éternel et funeste expédient d'inventer des charges qu'il vendait aux bourgeois : « Sire, disait-il au roi, toutes les fois que Votre Majesté crée un office, Dieu crée un sot pour l'acheter. »

La vanité était la grande alliée du ministre; quiconque avait gagné quelque argent dans le commerce et cherchait à se soustraire à l'humiliante obligation de payer la taille, comme les gens de petit métier et les paysans, s'empressait d'acquérir une charge qui en exemptait. Tout à la joie de devenir gentilhomme, il ne voyait pas le ridicule de ces titres bizarres d'officiers-courtiers, tireurs, chargeurs, débardeurs, botteleurs de foin, d'officiers-inspecteurs, contrôleurs des décharges de bateaux, d'officiers-inspecteurs gourmets sur les vins, d'officiers-inspecteurs de veaux, d'officiers-contrôleurs de beurre, d'officiers essayeurs de fromage, d'officiers langueyeurs de cochons, etc...

II

Michel de Chamillard, excellent joueur de billard, admis à l'honneur de faire la partie avec Louis XIV, plut à Mme de Maintenon par le sentiment des convenances dont il fit preuve en ces occasions. Chargé d'administrer les biens de la maison de Saint-Cyr, il s'acquitta si bien de ses fonctions qu'elle le jugea capable d'administrer aussi la fortune de la France. Il fut nommé contrôleur général en 1699.

Par son ordre, il fut procédé à une revision des contrats de rentes, à la suite de laquelle on convertit au denier vingt (5 % d'intérêt) les rentes qui étaient au denier dix (10 % d'intérêt).

Le taux légal était dès lors le denier vingt. Denier était synonyme d'intérêt du capital. (Le denier cinq, dix, vingt, c'est-à-dire le cinquième, le dixième, le vingtième du capital.)

Chamillard imagina, pour sa part, quelques ingénieuses charges nouvelles. Il inventa la dignité de conseillers du roi rouleurs et courtiers de vins, dont la vente produisit 180.000 livres; il créa des contrôleurs aux empilements de bois, des conseillers de police; institua des charges de barbiers-perruquiers, de contrôleurs visiteurs de beurre frais et de visiteurs de beurre salé.

Tout cela ne suffisait pas pour soutenir la longue guerre de la succession, et le malheureux Chamillard se débattait au milieu d'inextricables difficultés.

Il fit une loterie de 400.000 billets de deux louis d'or chacun, et qui comprenait deux lots de 20.000 livres de rentes viagères, deux de 10.000 livres et plusieurs de 500 livres.

Il rétablit la capitation, dont le produit fut affecté à la marine; exigea une surtaxe de tous les offices; imposa les cartes à jouer et la glace à rafraîchir.

Un édit ordonna que tous les meubles en argent massif, alors assez nombreux, seraient portés à la monnaie. Le roi donna l'exemple et renonça à ses tables d'argent, à ses candélabres, à ses grands canapés d'argent massif, chefs-d'œuvre de Ballin, qui furent perdus pour l'art et ne produisirent que 3 millions à la fonte, après en avoir coûté 10. Les autres meubles en argent des particuliers donnèrent aussi 3 millions.

Comme au temps du roi Jean et de Philippe le Bel, on altéra les monnaies. Le crime fut aggravé d'une faute. Les refontes, faites inégalement, donnèrent aux écus une valeur non proportionnelle aux quarts; les deniers étant plus forts furent portés à l'étranger et frappés en écus sur lesquels on gagnait en les reversant en France.

En 1702, le louis d'or de nouvelle création avait été fait à 14 livres et les écus à 3 livres 16 sous.

En 1704, par une autre refonte des monnaies, il fut porté à 15 livres.

En deux ans, sur 175 millions monnayés, le roi eut 20 millions de profit; mais le billonnage (1) en fit gagner 40 aux étrangers.

On émit du papier-monnaie qui rendit de grands services; mais on le multiplia imprudemment et il ne tarda pas à s'avilir.

Le ministre, cependant, était à bout d'expédients. Sa riche imagination avait fini par s'épuiser, et le Trésor continuait à être vide. Il se décida à la retraite.

D'une grande intégrité et d'une aménité de caractère qui l'avaient fait aimer et estimer de tous ceux qui le connaissaient, Chamillard était odieux au public, qui ne voyait de lui que ses impôts et ses édits.

L'histoire n'a pas été non plus complètement juste envers lui et n'a pas tenu assez de compte des embarras avec lesquels il s'est trouvé aux prises. Parce qu'il avait le tort d'être habile au billard, on n'a voulu lui reconnaître de talent qu'à ce jeu et la postérité en a cru l'épitaphe célèbre :

Ci-gît le fameux Chamillard
De son roi le protonotaire
Qui fut un héros au billard,
Un zéro dans le ministère.

(1) On appelle billonnage tout trafic illégal de monnaies défectueuses : triages de pièces excédant le poids pour les exporter ou pour les vendre, rognage des pièces, etc.

III

La situation semblait désespérée en 1708. Louis XIV demandait la paix; mais il ne recevait que des réponses insultantes et humiliantes qui le contraignaient à continuer la guerre malgré lui. Personne ne voulait de la succession de Chamillard et l'on dut recourir à Desmarets, le neveu et intendant de Colbert, qui avait été convaincu de malversations, et qu'on tenait éloigné du ministère. Cependant, telles étaient ses capacités et son expérience, que les ministres l'appelaient quelquefois en secret et lui demandaient son avis sur les mesures qu'ils comptaient prendre.

A défaut d'un autre qui consentît à assumer le fardeau redoutable des finances, le roi fit demander Desmarets qui l'accepta. C'était un moyen pour lui de se réhabiliter. « Si nos gens ont autant de courage que vous, lui dit Mme de Maintenon, nous gagnerons toutes les batailles. »

Marlborough et le prince Eugène avaient battu Vendôme à Oudenarde. Lille s'était rendue à l'ennemi. Nos campagnes étaient dépeuplées et la famine qui les désolait s'étendit, après l'hiver de 1709, jusqu'à nos soldats, qui se battaient à Malplaquet sans avoir mangé.

Il était dû aux troupes 36 millions sur le prêt pour les années 1707 et 1708. Les revenus étaient engagés pour plusieurs années et on avait anticipé jusqu'en 1717. Les dettes exigibles montaient à plus de 650 millions et les billets de monnaie perdaient 30 %.

Desmarets témoigna d'une grande fécondité de moyens en même temps que d'une remarquable sagacité. Il parvint à trouver des fonds et à entretenir les armées jusqu'à la fin de la guerre.

Il comprit tout de suite la nécessité d'affranchir le revenu de l'année courante et remit à un terme plus éloigné les engagements donnés sur ce revenu. Les hommes de finance se rendaient trop bien compte de la situation pour lui faire un reproche de ce manque de parole; ils l'estimèrent davantage, au contraire, pour avoir su prendre immédiatement une résolution énergique. Sa décision lui valut leur confiance. Ils lui ouvrirent leurs coffres et lui prêtèrent, en dix mois, 160 millions.

Le pays, tout à fait épuisé, ne pouvait plus faire de nouveaux sacrifices. C'est ainsi que le dixième, établi en 1710, et levé à la suite de tant d'autres impôts onéreux, parut si dur, dit Voltaire, qu'on n'osa pas l'exiger avec rigueur; le Gouvernement n'en retira pas 25 millions annuels, à 40 francs le marc.

Desmarets eut surtout recours à l'emprunt. Il ne craignit pas de s'adresser même à des banquiers étrangers dont les Gouvernements étaient en guerre avec nous. A la paix, quand on fit le recensement des rentes dont l'Etat était grevé, il fut constaté qu'un vingt-cinquième appartenait à l'étranger.

Des négociants français, profitant de l'alliance de la France avec l'Espagne, avaient fait, dans les colonies espagnoles de l'Amérique, une opération dont ils avaient retiré 30 millions. Desmarets les décida à en prêter la moitié à l'Etat, ce qui permit de remettre en circulation un peu de numéraire, qui faisait presque complètement défaut.

IV

Un financier qui s'était enrichi par le métier de traitant sous le ministère de Chamillard vint puissamment en aide à Desmarets.

Samuel Bernard, fils d'un graveur juif du même nom, et qui était professeur à l'Académie de peinture, avait amassé une fortune de 60 millions.

Il vint deux fois au secours de l'Etat; mais ce fut Louis XIV en personne qui dut le solliciter : « Quand on a besoin des gens, c'est bien le moins qu'on le leur demande soi-même », répondait le financier aux prières de Desmarets.

Une rencontre fut préparée dans le cabinet du ministre, à Marly. Le roi y entra comme par hasard, pendant que Samuel Bernard causait avec le contrôleur général. Il fut gracieux comme savent l'être les grands avec les gens dont ils attendent un service : « Vous êtes bien homme à n'avoir jamais vu Marly, lui dit-il, venez le voir à ma promenade. Je vous rendrai ensuite à Desmarets. »

Samuel Bernard revint de la promenade du roi tellement enchanté que « d'abordée », raconte Saint-Simon, il lui dit qu'il aimait mieux risquer sa ruine que de laisser dans l'embarras un prince qui venait de le combler et dont il se mit à faire des éloges avec enthousiasme.

Samuel Bernard s'était converti au catholicisme et fut anobli. Il acheta la terre de Coubert, en Brie, dont son fils aîné prit le nom; mais il se contenta, pour sa part, de signer : « Le chevalier Bernard. »

Le comte de Coubert, qui conserva le comptoir paternel, place des Victoires, fit faillite en 1753.

Les filles de celui-ci et du second fils de Samuel Bernard ont marié leurs filles au duc d'Uzès, au duc de Roquelaure, au marquis de Clermont-Tonnerre, au marquis de Mirepoix et au marquis de Faudoas. Le marquis de Boulainvilliers était un des petits-fils de Samuel Bernard.

Outre son habileté incontestable, Samuel Bernard avait toujours eu un bonheur remarquable dans toutes ses entreprises.

Il croyait sa destinée liée à une poule noire qu'il nourrissait de ses mains et dont il avait grand soin. Il mourut en effet en même temps qu'elle.

Quatre grands financiers, les frères Pâris [1], qui eurent une grande influence sous la régence et sous Louis XV, avaient commencé à jouer un rôle important à la fin du règne de Louis XIV.

Ils avaient trouvé, à leurs débuts dans les finances, un soutien et un répondant dans Samuel Bernard, qui leur prêta jusqu'à 3 millions.

En 1701, l'aîné, Antoine Pâris, était nommé directeur général des vivres pour l'armée de Flandre. Il y rendit les plus grands services.

Après la bataille d'Oudenarde, nos troupes en fuite s'étaient tellement éloignées de leur base d'opérations que les approvisionnements faits pour elles n'étaient plus à portée de leur être distribués.

Pâris emprunta pour les nourrir 100.000 écus à Gand et à Anvers.

En 1708, l'intendant du Hainaut reçut par erreur une somme destinée au trésorier de Maubeuge et dont il disposa, en la croyant pour son département. Pendant ce temps le trésorier de Maubeuge ne pouvait payer ses troupes, où les désertions commençaient à se produire. Antoine Pâris partit alors pour Lille, y emprunta 300.000 livres, qu'il envoya à l'armée, et resta en otage aux mains de ses prêteurs jusqu'à ce que la somme fût rendue.

Nous aurons à reparler plus loin des frères Pâris.

(1) Ils étaient fils d'un aubergiste des environs de Moutmartel, en Dauphiné. L'un d'eux avait pris le nom de l'enseigne paternelle « A la Montagne » et s'appelait Pâris-la-Montagne.

———×———

CHAPITRE VI

La liquidation du Grand Règne

I. — Le conseil des finances. — II. Le visa. — III. La dîme royale. — IV. Le premier séjour de Law.

I

La dette, à la mort de Louis XIV, s'élevait à 3 milliards 460 millions; les caisses publiques étaient vides. Les revenus de trois années étaient consommés d'avance et il était impossible d'imposer de nouvelles charges à un peuple accablé de misère. Il n'y avait plus ni crédit ni confiance. Peu de temps avant de mourir Louis XIV avait dû, pour se procurer 8 millions, faire négocier 32 millions de billets et de rescriptions.

« Je dois 3 milliards ! Que peut faire à cela la Providence ? » disait-il un jour à Mme de Maintenon.

Le régent, duc d'Orléans, aux prises avec des difficultés insurmontables, forma un Conseil des finances, composé du maréchal de Villeroy, du duc de Noailles, du marquis d'Effiat, de Le Pelletier de la Houssaye, Roussi de Coudray, Fagon, d'Ormesson, Gilbert de Voisin, de Gaumont, de Baudry, Dodun.

Dans la première séance, on discuta la question si on reconnaîtrait les dettes du roi. Il fut décidé que l'on resterait fidèle aux engagements pris.

Le duc de Noailles, qui exerça dans le Conseil une action prépondérante, fit adopter plusieurs mesures excellentes. Sur sa proposition, les receveurs généraux signèrent l'engagement d'avancer 40 millions pour parer aux besoins du moment. Le papier-monnaie était complètement discrédité; il ne circulait qu'à grand'peine à quatre cinquièmes de perte. Par un édit du 7 décembre 1715, le duc de Noailles fit rentrer tout ce papier, qui fut brûlé, et à la place duquel les porteurs reçurent de nouveaux billets appelés billets de l'Etat et qui portaient intérêt de 4 % à partir du 1er janvier 1716.

Pour repeupler les campagnes dévastées et permettre d'ensemencer de nouveau la terre, les taxes de circulation sur les grains de province à province furent supprimées pendant quelque temps et l'entrée des bestiaux étrangers fut exempte de tous droits jusqu'au mois de septembre 1716 (1).

Pendant les dernières années de Louis XIV on n'hésitait pas à découvrir la maison du taillable qui ne pouvait payer l'impôt, pour en vendre les charpentes au profit du fisc. Le Conseil de régence fit cesser ces vexations. Le 4 octobre 1715, le régent écrivait aux intendants : « Vous tiendrez la main à ce que les collecteurs procédant par voie d'exécution contre les taillables n'enlèvent point leurs chevaux et bœufs servant au labourage, ni leurs lits, habits, ustensiles et outils avec lesquels les ouvriers et artisans gagnent leur vie. »

Le Conseil fut moins bien inspiré en ordonnant des poursuites contre les traitants. Une Chambre de justice fut chargée de rechercher ceux qui avaient abusé des circonstances pour faire des profits exagérés. Elle était composée d'officiers de plusieurs Cours et siégeait au couvent des Grands-Augustins. Les justiciables devaient déclarer devant elle la valeur de leurs biens et toute déclaration fausse ou seulement inexacte, était punie des galères.

(1) Il n'y avait plus de vaches dans nos campagnes. Le beurre et le fromage manquaient à Paris.

Les délateurs étaient encouragés par l'attribution du cinquième des confiscations qui seraient prononcées; ils recevaient du roi un brevet « de sauvegarde et protection spéciale. » Ceux qui médiraient d'eux devaient être punis de mort, portait une déclaration du 17 mars 1716. Les recherches remontèrent à vingt-sept années; il suffit d'être riche pour être poursuivi, et 4.470 chefs de famille furent inscrits sur vingt rôles, qui parurent successivement comme autant de tables de proscription.

Ces mesures atroces jetèrent la terreur dans le monde du commerce et de la finance. « L'épouvante fut telle, dit Lemontey [1], que plusieurs hasardèrent leurs jours par la fuite, et que d'autres les terminèrent par le suicide. »

Jean Duval, dans son journal de la Régence, donne le détail des taxes prélevées. Elles montèrent à la somme de 157 millions, auxquels il faut ajouter 9 millions que Samuel Bernard rapporta spontanément. Antoine Crozat paya 6.600.000 livres; du Rey de Viancourt, 520.000 livres; Romanet, 4.453.000; Pierre Marengue, 1.500.000; Hurault, 11.250.000; Ferlet, 900.000; Derally, 887.000; Ambert, 710.125; La Vieuville, 600.000; Duhamel, Desages, Desmarets, etc..., des sommes diverses.

Mais les financiers, revenus de leur première frayeur, ne tardèrent pas à réclamer contre les taxes arbitraires auxquelles on les soumettait. Ils firent porter leurs protestations au régent par les seigneurs qui étaient leurs obligés et bientôt il fut facile de s'exempter d'une forte indemnité envers l'Etat par le paiement d'une petite somme à un intermédiaire obligeant.

La Chambre de justice ne fut pas le seul moyen auquel on eut recours pour se procurer des ressources : les contrats d'affaires conclus avec le feu roi furent en partie détruits; on réduisit à la moitié les rentes, ainsi que les pensions au-dessus

(1) *Histoire de la Régence.*

de 600 livres, et l'on supprima, sans en rembourser le prix, une multitude d'offices et de privilèges créés et vendus pendant les dernières années de Louis XIV.

L'Ancien Régime ne se faisait nul scrupule de manquer à ses engagements, et Voltaire avait raison de dire que :

D'un trône si saint la moitié n'est fondée
Que sur la foi promise et rarement gardée.

Nous verrons plus tard, sous Louis XV, l'abbé Terray, contrôleur des finances, faire la théorie de la banqueroute : « Le roi, disait-il, n'est-il pas maître de la propriété entière de son royaume ? Tous les biens-fonds lui appartiennent, et, s'il en laisse jouir ses sujets, c'est un effet de sa bonté et de sa libéralité. » Dès lors, comment le souverain aurait-il été tenu d'exécuter ses engagements envers des sujets qui n'avaient fait, en lui prêtant, que lui restituer des biens dont ils n'étaient que dépositaires ?

En vertu de cette doctrine, le régent entreprit à son tour une refonte des monnaies, sur laquelle il comptait réaliser un bénéfice de 200 millions; il n'en obtint que 72 sur 378 millions qui furent refondus.

L'étranger, ainsi qu'il arrivait toujours en pareil cas, bénéficia de l'opération plus que le Gouvernement français, et l'or du royaume fut attiré au delà de la frontière.

II

Les effets publics, mis en circulation par Pontchartrain, Chamillard et Desmarets, réduits pendant quinze ans aux expédients, étaient aussi nombreux que variés. Personne ne pouvait plus s'y reconnaître. On résolut de les convertir en une seule espèce de billets d'Etat, et les quatre frères Pâris furent chargés de ce travail. Tous les porteurs de titres devaient les leur présenter pour recevoir le *visa*, sans lequel leurs billets devenaient sans valeur.

On profita de cette vérification pour réduire 600 millions de titres portant des intérêts élevés à 250 millions de billets d'Etat ne donnant plus qu'un intérêt de 4 %.

III

En 1707, le maréchal de Vauban avait publié son Mémoire sur la *Dîme royale*, où il proposait de remplacer tous les impôts par un impôt unique, la dîme royale, que tous, nobles, prêtres et roturiers auraient également payée. Il aurait été acquitté en nature dans les campagnes et en numéraire dans les villes.

Cette proposition rencontra une vive opposition dans l'entourage de Louis XIV; mais, sous la Régence, on eut l'idée d'en faire un essai, qui fut continué, de 1718 à 1723, sur les terroirs de la Rochelle et de Niort.

Ce dernier pays avait été choisi à cause de la variété de son sol. Outre la dîme en nature sur les récoltes, une redevance en numéraire était due sur les animaux, à raison de 20 sols par bœuf, vache, cheval, mulet, poulain de plus de six mois; de 10 sols par truie; de 5 sols par âne ou cochon n'étant plus sous sa mère; de 2 sols 6 deniers par brebis et de 2 sols par mouton. Les chèvres, dont on poursuivait l'extinction comme étant plus nuisibles qu'utiles à l'agriculture, étaient soumises à une taxe de 30 sols.

Le produit des dîmes en nature était mis en adjudication dans chaque paroisse et donné au plus offrant et dernier enchérisseur, en sorte que l'Etat n'avait pas à opérer la vente de ces redevances.

La part prélevée était du 20e, ainsi que l'avait proposé Vauban, qui ne voulait avoir recours au 10e que dans les grandes crises. Le maréchal se flattait de remettre la France, en moins de quinze années, dans un état parfait, en hommes et en biens. Peut-être avait-il raison; mais son système entraînait de trop grands changements et lésait trop d'intérêts. Il fut abandonné par le régent.

Rien cependant ne parvenait à remplir les coffres toujours vides. Les troupes recevaient leur solde en papier et, en 1722, des régiments n'avaient pas été habillés depuis six ans.

Une partie des soldats avaient passé pieds nus la revue de l'inspecteur et les officiers, forcés de vendre à deux tiers de perte les billets qu'ils recevaient en paiement n'avaient pas même de quoi se nourrir (1).

Telle était la situation quand Law vint proposer au régent son célèbre système : « Je ne sais qui vous envoie, lui dit le duc d'Orléans; si c'est Dieu, restez; si c'est le diable, ne vous en allez pas. »

C'était le second séjour que cet étranger faisait en France. On l'avait déjà vu à Paris à la fin du règne de Louis XIV.

Ecossais d'origine, fils d'un grand orfèvre d'Edimbourg, et tenant par sa mère Jeanne Campbell à la maison d'Argyle, Law de Lauriston avait quitté l'Angleterre à la suite d'un duel où il avait tué son adversaire. Il était très riche, menait grand train et jouait gros jeu; il avait, pour jouer au pharaon, des jetons de 18 louis frappés exprès pour lui.

(1) Un financier du temps, Olivier de Senozan, avait fait fortune en exploitant le dénûment des officiers. Il était trésorier des troupes à Lyon et déclarait aux officiers qui venaient lui demander de l'argent qu'il n'en avait pas à leur donner. Quand ceux-ci s'en allaient en donnant des signes d'irritation ou de désespoir, le concierge, qui les voyait passer devant sa loge, faisait semblant de compatir aux maux des malheureux militaires; il entrait en conversation avec eux et finissait par leur indiquer deux hommes obligeants, les sieurs Descombes et Soubrie, marchands de dorures sur le pont, qui leur donneraient des moyens de trouver de l'argent. C'étaient les hommes de paille de Senozan.

Dès cette époque il avait des idées, en matière de finances, qu'il exposa à Desmarets. Il lui proposa de créer une banque générale pouvant émettre un nombre de monnaie triple du numéraire existant et à confier à cette banque la perception des impôts, le paiement des dépenses de l'Etat qu'elle acquitterait avec son papier, la négociation de tous les emprunts, la fabrication des espèces et certains négoces privilégiés.

La théorie était trop nouvelle pour être comprise de Desmarets, et Law, sur l'ordre du roi, avait été invité à quitter le royaume.

———×———

CHAPITRE VII

Le Système

I. La banque de Law. — II. Le Mississipi. — III. La débâcle. — IV. Les effets du Système.

I

Le 24 octobre 1715, le régent réunit au Conseil des finances quelques personnes qui n'en faisaient pas partie, ainsi que treize banquiers et négociants, et leur soumit l'idée de la création d'une banque publique. L'idée fut rejetée à une grande majorité.

Le duc d'Orléans, que Law avait déjà gagné à ses doctrines, ne put passer outre, et il se contenta d'autoriser son protégé, par lettres patentes des 2 mai et 20 mai 1717, à fonder une banque privée sous le nom de Banque générale.

Le fonds social, à la fondation, était de 6 millions, divisés en 1.200 actions de mille écus. Law y apportait personnellement 2 millions comme première mise de fonds.

Les actions étaient payées trois quarts en billets de l'Etat et un quart en numéraire.

Il convient d'ailleurs de remarquer que les billets de l'Etat perdant environ 50 %, la valeur réelle du fonds social n'était que de 3.750.000 livres.

La Banque générale, dont Law avait le privilège pour vingt ans, gérait les caisses des particuliers, escomptait les lettres de change, recevait les dépôts et délivrait des billets remboursables à vue en espèces pour la valeur exacte qu'ils avaient au moment de l'émission.

Cette forme de paiement fut favorablement accueillie. Après tant de variations monétaires, la disposition qui exigeait que, dans les livres, les contrats et les billets de la banque, on exprimât toujours les sommes en écus de banque, d'un titre et d'un poids invariable, assurait au papier de Law une fixité qui rétablit les changes et rassura le commerce : « Les étrangers, dit Forbonnais, pouvant compter sur la nature du paiement qu'ils avaient à faire, consommèrent nos denrées. Les négociants trouvant à 5 % l'avance de leurs lettres de change en effets équivalents et de l'argent recommencèrent leurs spéculations. Les manufactures travaillaient, les consommations reprirent leurs cours; ceux qui apportaient des fonds dans le commerce durent suivre le taux de l'intérêt dont la banque se contentait; l'usure cessa. »

Pâris Duverney [1], adversaire de Law, reconnaissait que la banque avait eu des commencements favorables; mais il ajoutait qu'elle se fût rendue plus utile encore si elle était restée dans les termes de son établissement et si Law eût réglé sa conduite sur les discours qu'il tenait sans cesse, qu'un banquier serait digne de mort s'il délivrait des billets ou lettres de change sans avoir la valeur effective en caisse.

II

Le régent, empressé de faire profiter le Gouvernement des avantages de la Banque générale, permit de recevoir ses billets en paiement des impositions. Bientôt, d'accord avec le novateur, il combina une opération qui lui permit de convertir en actions

(1) C'était le troisième et le plus célèbre des frères Pâris.

de la banque 100 millions de billets de l'Etat et d'affranchir ainsi le Trésor de l'obligation de rembourser.

Depuis plusieurs années le financier Crozat essayait de coloniser et de mettre en valeur la possession française de la Louisiane; Law reprit l'affaire et fonda, pour exploiter la Louisiane, la Compagnie d'Occident qu'on appela dans le public le *Mississipi*. Le régent lui attribua le privilège exclusif du commerce de la colonie et de la traite des castors.

A la fin de 1718, la Banque générale fut déclarée Banque Royale et, à dater du 1er janvier 1719, elle fut régie au nom du roi. La Banque eut des bureaux à Lyon, La Rochelle, Tours, Orléans et Amiens.

Les actions de la Louisiane ne furent pas très recherchées d'abord; mais Law ajouta bientôt à l'exploitation de la colonie la ferme des tabacs, et ce fut le signal d'une hausse sensible.

Pour la maintenir, Law imagina d'acheter 200 actions au pair et de payer comptant 40.000 livres, avec stipulation que cette somme serait perdue pour lui s'il ne remplissait pas son engagement dans un délai prochain et déterminé. Ce fut le premier marché à prime.

En 1719, Law ayant acheté le privilège de la Compagnie du Sénégal, un édit supprima la Compagnie des Indes Orientales et de la Chine, et les privilèges de ces diverses Compagnies furent attribués à celles d'Occident, qui prit désormais le nom célèbre de Compagnie des Indes. Elle était maîtresse du commerce de la France avec l'Amérique, l'Afrique et l'Asie.

III

50.000 actions nouvelles furent émises pour répondre à cet agrandissement de la Compagnie. Elles devaient être payées cette fois en argent comptant et non comme les premières par versements partiels. On décida qu'on ne serait admis à souscrire qu'en présentant quatre fois autant d'actions anciennes qu'on voulait avoir d'actions nouvelles. Les actions anciennes furent appelées *mères;* les nouvelles *filles.* C'était le principe des actions privilégiées.

Tous les anciens actionnaires s'empressèrent de profiter de la faveur qui leur était faite, assurés de revendre à bénéfice les actions nouvelles à ceux qui n'avaient pas eu le droit de participer à l'émission. Ainsi fut atteint ce double résultat que Law avait recherché; les anciennes actions montèrent et les nouvelles firent prime.

Le Gouvernement avait concédé à la Compagnie la fabrication des monnaies. Elle en profita pour décrier le numéraire en le tourmentant par d'incessantes variations. Son papier, au contraire, paraissait seul invariable et on le préféra bientôt au métal.

Le public, dans son engouement, ne voulait plus que du papier au lieu d'or. Les créanciers de l'Etat, remboursés en argent, s'empressèrent de le convertir en actions.

Les frères Pâris, qui avaient pris les fermes du royaume et les avaient mises en actions, étaient une concurrence pour la Banque Royale. Ni Law ni le régent ne pouvaient l'admettre. Leur traité fut cassé pour les cinq ans qui restaient à courir et les fermes furent données à Law.

On émit alors 300.000 nouvelles actions à 5.000 livres. La souscription avait d'abord été ouverte à tout le monde; mais l'empressement fut tel qu'on dut réserver les actions à ceux qui pourraient payer en papier de la Banque. Ce fut à qui se débarrasserait de son or.

En même temps le bruit courait que deux mines d'or avaient été découvertes à la Louisiane et que la Banque s'était engagée à faire à la Compagnie des Indes une avance de 25 millions en billets, qui seraient envoyés dans la colonie pour y activer le développement du commerce. C'était du reste un mensonge; mais il eût été trop facile avec le simple bon sens de se rendre compte que la mise en culture des vastes et fertiles terrains de la Louisiane ne pouvait donner de bénéfice immédiat. Les prétendus rivages aurifères du Mississipi parlaient mieux à l'imagination.

La hausse était si rapide qu'un agioteur chargé de vendre des actions gagna un million en les gardant deux jours. On prêtait les fonds à l'heure. L'action, dont la valeur primitive était de 5.000 livres monta à 25.000 livres. On donnait des dividendes de 40 %.

On trafiquait dans la rue Quincampoix où était l'hôtel de Law depuis sept heures du matin jusqu'au soir. Des cloches et des tambours annonçaient l'ouverture et la clôture des opérations. La foule qui s'y pressait était immense. Des gens de tout âge et de toutes conditions s'y entassaient pêle-mêle sur la chaussée et dans les maisons pleines d'agioteurs depuis les caves jusqu'aux greniers. On y accourait de toutes les parties du royaume et de l'étranger. D'après des contemporains, le chiffre de la population flottante ainsi attirée à Paris par les prestiges de la rue Quincampoix aurait dépassé un million de personnes.

C'est de ce temps que date la nouvelle acception du mot spéculer. Au siècle précédent, spéculer, c'était méditer sur la métaphysique, a dit un écrivain; maintenant, c'est jouer à la hausse et à la baisse.

IV

Le comte de Horn, allié aux plus grandes familles de France et de l'étranger, fut pris du vertige qui emportait toutes les classes. Pour se procurer le moyen d'acheter des actions et faire un de ces gains fabuleux dont on voyait mille exemples tous les jours, il ne recula pas devant un meurtre. Le 22 mars 1720, aidé de deux complices, il attira un courtier au cabaret de l'*Epée de Bois* (1), rue de Venise, et le poignarda pour s'emparer de 100.000 livres. Il fut roué vif en place de Grève.

Ce meurtre ferma la saturnale. Un édit défendit de s'assembler rue Quincampoix, et les spéculateurs durent chercher un autre lieu de réunion. Ils allèrent d'abord rue des Victoires, dans la cour de l'hôtel Mazarin, où était la Banque; puis, comme ils gênaient le service, ils se transportèrent place Vendôme, d'où le chancelier, qui habitait l'hôtel actuel du Ministère de la Justice, incommodé par le bruit, les fit prier de se retirer. Ils s'établirent alors dans le jardin de l'hôtel de Soissons, où l'on établit pour eux de petits pavillons en planches.

Dans les derniers mois de 1719, il y avait un milliard de billets en circulation et 624.000 actions représentant plus de 6 milliards, soit plus de 7 milliards entre les mains du public.

La débâcle, prévue par quelques rares personnes restées de sang-froid, comme Saint-Simon, Villeroy, d'Argenson et les frères Pâris, ne pouvait tarder à se produire

Le prince de Conti, mécontent d'un refus que Law lui avait opposé, retira brusquement les fonds qu'il avait à la Banque Royale. On en vit sortir quatre fourgons chargés d'argent. En même temps le public crut remarquer une certaine gêne dans les paiements. Subitement la panique éclata. Ce fut le cri de « Sauve qui peut! » à la fin d'une bataille; le cri « Au feu! » dans un théâtre. Les actions ne furent plus acceptées qu'à 30, 40, 60 % de perte. Un rôtisseur vendit une gélinotte pour 200 livres-papier.

Le régent essaya de lutter. Pour tâcher de maintenir les actions, il défendit aux particuliers d'avoir chez eux plus de

(1) Le cabaret de l'*Èpée de Bois* existe encore.

500 livres d'argent comptant et de convertir leur or en diamants et en perles. Tout ce qui pouvait représenter une valeur mobilière autre que les papiers de Law fut proscrit; mais rien n'y fit.

Affolé, Law demanda et obtint un édit qui réduisait les actions à la moitié de leur valeur. Ce fut le dernier coup; en vain ce malencontreux édit fut révoqué; il avait achevé de tuer la confiance.

Law, arrêté, fut sommé de rendre ses comptes, ce qu'il fit d'ailleurs avec une grande clarté. On voulut alors lui faire reprendre la direction de la Banque Royale et de la Compagnie des Indes; il la refusa et s'en alla mourir à Venise, n'ayant conservé, de tous les millions qui lui avaient passé par les mains, qu'un gros diamant qu'il mettait au mont-de-piété de temps en temps.

Il avait été victime des engouements irraisonnés et des brusques revirements de notre caractère national plus encore que des erreurs de son système, auquel la science financière moderne a fait plus d'un utile emprunt.

V

Voltaire, à la chute de la Banque Royale, avait comparé Law à un charlatan qui s'empoisonnerait lui-même avec sa drogue. Plus tard il disait, avec plus de justice : « C'était un médecin qui donnait une dose d'émétique trop forte à ses malades; ils en eurent des convulsions; mais, parce qu'on a trop pris d'un bon remède, doit-on y renoncer à jamais? »

La fermentation produite par le système eut du reste quelques heureux effets qui subsistèrent après la débâcle.

La richesse momentanée et la facilité des échanges qui en avaient résulté, donnèrent une vive impulsion au commerce et à l'industrie; le nombre des manufactures fut plus que doublé. Notre marine, réduite à quelques vaisseaux, fut remise en état de protéger notre commerce maritime et nos colonies. La Nouvelle-Orléans fut fondée sur les bords du Mississipi.

D'importants travaux furent aussi exécutés en France, où l'on fit des routes, des canaux et des bâtiments militaires.

Toutes les fortunes fondées sur le système ne s'écroulèrent pas non plus avec lui. Les Condé conservèrent les sommes prodigieuses qu'ils y avaient gagnées. Chantilly fut construit avec une partie de leurs gains. On disait que la pelouse en avait été fumée avec des actions du Mississipi.

Les hôtels de la place des Victoires et le Palais Bourbon furent bâtis aussi avec l'argent gagné rue Quincampoix. Les fils de Law gardèrent des protecteurs parmi quelques-uns des grands seigneurs que leur père avait enrichis et restèrent Français. Son petit-fils, le marquis de Lauriston, fut aide de camp de Napoléon.

CHAPITRE VIII

Les frères Pâris et les Crozat

I. Le second visa. — II. Pâris-Duverney. — III. L'œuvre des Pâris. — IV. Les Crozat.

I

Le chancelier d'Aguesseau, qui avait été exilé à Fresnes, en 1717, pour avoir critiqué le système, fut rappelé en 1720; mais rien ne pouvait arrêter l'effondrement des actions. En vain l'agiotage était défendu; il continuait encore malgré les baïonnettes. On achetait maintenant pour un marc d'or ce qui, l'année précédente, valait 160.000 livres. Cette spéculation sur la ruine des actionnaires s'appelait « le Missisipi renversé. »

La Banque Royale fut abolie et la Compagnie des Indes redevint une simple association commerciale.

Lorsque s'écroula le système, les frères Pâris étaient en exil eux aussi pour avoir critiqué les projets de Law. Ils furent rappelés. Le contrôleur général, Le Pelletier de la Houssaye écrivit à chacun d'eux la lettre suivante, pour les presser de rentrer à Paris :

« Il vous a été envoyé, Monsieur, une permission de revenir et S. A. R. m'a encore chargé de vous presser de vous y rendre le plus promptement que vous pourrez, même au reçu de la présente, si votre santé vous le permet.

» J'espère que votre ancienne amitié pour moi vous engagera à ne pas perdre un jour. Attendant votre arrivée avec une très vive impatience, je suis, etc... »

Chargés de la liquidation de la banque de Law comme ils l'avaient été, à la mort de Louis XIV, de la revision des dettes du Trésor, les Pâris firent rendre un arrêt ordonnant que tous les effets, tant du roi que de la Compagnie, seraient présentés au visa royal dans le délai d'un mois; les porteurs devaient les accompagner d'une déclaration faisant connaître comment ils en étaient devenus propriétaires. Elle permit ainsi, dans une certaine mesure, de distinguer l'agioteur du père de famille qui n'avait cherché qu'un placement de fonds.

Un second arrêt rendit la Banque et la Compagnie des Indes solidaires l'une de l'autre et soumit également leurs papiers au visa.

511.900 personnes portèrent leurs titres à viser et les dettes, qui montaient à 2 milliards 288 millions furent liquidées et réduites à environ 1 milliard 700 millions; mais ce ne fut pas sans susciter bien des ennemis aux frères Pâris (1), qui, conscients de l'animosité qu'ils inspiraient, refusèrent le titre d'intendants des finances, que l'abbé Dubois, ministre du régent, voulait leur donner.

Pâris-Duverney, chargé par le duc d'Orléans d'instruire le jeune Louis XV dans les matières financières et économiques, composa à cette intention quatre mémoires : sur les finances en général; sur les finances du royaume considérées du souverain au sujet; sur les finances considérées du sujet au sujet; sur les finances comparées aux états limitrophes et voisins.

(1) On les représentait en caricature sous les traits des quatre fils Aymon, chevauchant sur un âne borgne que conduisait le contrôleur Le Pelletier de la Houssaye.

II

Le duc de Bourbon, qui succéda au duc d'Orléans comme ministre de Louis XV, déclaré majeur, fit payer à la France, pour la dernière fois, le lourd impôt de joyeux avènement, qui fut affermé 23 millions. Le cinquantième denier fut aussi imposé sur toutes les productions du sol.

La faveur des frères Pâris ne fit qu'augmenter. Le duc de Bourbon les chargea de reviser les pensions de la Cour, que le régent avait beaucoup accrues. Alors qu'elles n'étaient que de 1.900.000 livres quand mourut Louis XIV, elles montaient, en 1723, à 4 millions. Les frères Pâris composèrent un dictionnaire de sept volumes in-folio des grâces et pensions de la Cour, qui ne comprenait qu'une ligne par pensionnaire.

Secrétaire des commandements du duc de Bourbon, Pâris-Duverney, sans avoir de département fixe, dirigeait en réalité toutes les branches de l'administration. Il eut aussi une grande influence sur la politique et on lui attribua l'idée du mariage de Louis XV avec Marie Leczinska.

Pendant la peste de Marseille, qu'il empêcha par des mesures énergiques de s'étendre au reste de la France, il établit un Conseil de santé qui posa les premières règles de salubrité publique. Pour débarrasser les routes de la multitude de vagabonds qui les rendaient peu sûres, et inquiétaient les campagnes, il fit rendre l'ordonnance de 1724, qui interdisait la mendicité.

Il s'efforça d'améliorer la condition des troupes, très négligées par le duc d'Orléans. Pendant le mois de décembre 1720, le prêt leur manqua et Duverney dut avancer 3 millions pour les payer. La milice nationale, établie sur un excellent pied, fut portée à 60.000 hommes désignés par la voie du sort; de nombreuses casernes furent construites et l'entretien du soldat ne pesa plus sur l'habitant.

Versé dans toutes les branches de l'économie politique, Pâris-Duverney, pour éviter le renouvellement des famines qui désolaient périodiquement la France, comme en 1639, 1699 et 1709, établit un bureau de correspondance chargé de mettre régulièrement sous les yeux du contrôleur général les prix des grains dans tous les marchés du royaume, l'état des récoltes, l'abondance et la valeur des récoltes dans les pays étrangers, etc... Ce fut le début de la statistique dans notre pays.

La récolte fut mauvaise trois années de suite, en 1723, 1724 et 1725. Malgré les efforts de Duverney, la disette se fit sentir et il fut accusé par ses ennemis d'avoir accaparé les grains. Des mémoires contre lui furent remis au duc de Bourbon, qui les lui communiqua. Duverney se borna, pour sa défense, à écrire cette note sur les mémoires : « Il est impossible qu'une pareille manœuvre ait pu s'exécuter sans que beaucoup de gens aient été employés à l'achat, au double transport et à la revente des blés; s'il se trouve dans le royaume un seul homme qui y ait collaboré, je porte ma tête sur l'échafaud. »

Un concours de circonstances malheureuses mit aux prises Duverney avec les plus grandes difficultés pour assurer l'approvisionnement de Paris. A la suite de pluies continuelles, de brusques crues d'eau brisèrent les digues des moulins et, en même temps qu'elles suspendaient le travail de la meule, elles empêchaient la navigation sur la Seine aux bateaux chargés de farine que Duverney y avait rassemblés. Le pain faillit manquer pour la table du roi à Fontainebleau. Quelques émeutes se produisirent, et le peuple voulait tuer Duverney qui, debout jour et nuit pendant un mois, parvint enfin à conjurer la crise.

III

Le 11 juin 1726, le duc de Bourbon était renvoyé à Chantilly et remplacé par Fleury. Sa chute entraîna celle de Dodun, contrôleur général, et des frères Pâris, qui, en vertu d'une lettre de cachet, durent s'éloigner dans des directions différentes. Duverney partit pour Langres, où il descendit chez un ami; mais à peine y était-il arrivé qu'il fut arrêté d'ordre de Fleury, mis dans une chaise de poste, ramené à Paris et enfermé à la Bastille pendant plusieurs mois, sans savoir ce qu'on lui reprochait. Il en fut enfin informé : un billet de plusieurs millions, souscrit par le financier Barrême et non acquitté, avait été passé en paiement au roi, par le trésorier des Etats du Languedoc, et l'on voulait en rendre responsable Duverney, comme étant le prétendu associé de Barrême.

Duverney se justifia et fut acquitté par le Parlement après une détention de plus d'un an, et il fut de nouveau exilé par Fleury. Il ne tarda pas cependant à être rappelé et rentra en faveur par l'amitié de Mme de Châteauroux et de Mme de Pompadour.

Son influence fut très grande jusqu'à sa mort (1770). On lui doit la construction de l'Ecole Militaire, pour les bâtiments de laquelle il fournit les fonds au moyen d'une loterie dite d'abord de l'Ecole Militaire et qui devint plus tard la Loterie royale. C'est aussi lui qui fit construire l'aqueduc d'Arcueil. Il possédait le château de Plaisance, près Nogent.

Pâris-Duverney fut l'ami de Voltaire, à qui il fit gagner 500.000 livres par une participation aux fournitures de l'armée d'Italie. Il protégea Beaumarchais qui, plus tard, eut à soutenir un procès célèbre contre le comte de la Blache, neveu de Duverney.

Une fille de Pâris-la Montagne avait épousé, en 1734, Maximilien de Choiseul, comte de Meuse. Jean Paris de Montmartel, le dernier des quatre frères, devenu marquis de Brunoy, avait épousé en troisièmes noces Armande de Béthune; son fils, le marquis de Brunoy, connu par son goût bizarre pour les cérémonies religieuses, épousa Mlle des Cars.

IV

Les financiers Crozat, sans avoir joué dans la politique un rôle aussi important que les Pâris, ne doivent pas être oubliés dans cette histoire, pour la généreuse protection qu'ils ont donnée aux artistes. C'est Crozat l'aîné, qui construisit le premier hôtel de la place Vendôme. Son frère, Crozat le cadet, ou Crazat le Pauvre, comme on l'appelait par plaisanterie, renonça de bonne heure aux affaires. Il avait réuni un cabinet de collections célèbres. Son hôtel était situé près la porte Richelieu [1]. C'est là qu'il réunissait tous les dimanches à sa table un certain nombre d'artistes. Le peintre Charles de la Fosse, le sculpteur Le Gros, Wateau, la violoniste Rosalba Carriera furent, pendant des années, les hôtes de Crozat.

La collection des Crozat, vendue après la mort du baron de Thiers [2], second fils de Crozat aîné, fut achetée par l'impératrice de Russie pour le musée de l'Ermitage.

L'hôtel de Crozat cadet fut démoli en 1780. C'est sur son emplacement que fut construit l'Opéra-Comique.

(1) Pendant qu'on le construisait, un pan de mur en s'écroulant écrasa quatorze ouvriers. Crozat fit une pension de mille livres à chacune de leurs veuves.

(2) Crozat aîné avait deux fils : le marquis du Châtel et le baron de Thiers. Le marquis du Châtel eut deux filles, qui furent la duchesse de Gontaut et la comtesse de Stainville, plus tard duchesse de Choiseul. Le duc de Choiseul laissa en mourant trois millions de dettes que la duchesse paya en réalisant toute sa fortune.

CHAPITRE IX

La ferme générale

I. Organisation de la ferme. — II. Le service central. — III. Les croupes et les pensions.

I

L'institution de la ferme remonte à Philippe le Bel.

Aux premiers temps de la fiscalité, chaque taxe affermée faisait l'objet d'un arrangement particulier avec les traitants par province et souvent même par prévôté. Ce fut Sully qui réunit en une seule adjudication les taxes similaires, dont il forma quatre groupes : les domaines ou traites connues sous le nom des Cinq grosses fermes, les aides (droits sur les boissons), les gabelles de la France et les gabelles du Languedoc.

Le 26 juillet 1681, Colbert adjugea la perception de toutes les taxes du royaume à une Compagnie de quarante financiers, qui reçut enfin son organisation définitive le 19 août 1726, lors de la signature du bail Carlier, sous le ministère Fleury (1).

(1) Le nombre des fermiers généraux fut porté à soixante en 1755 et ramené à son chiffre primitif de quarante en 1780.

Leur personnel ne subissait guère de modifications d'un bail à l'autre, sauf les vides faits par la mort et qu'il fallait combler par des nominations ; mais l'adjudicataire qui donnait son nom au bail changeait à chaque renouvellement ; il n'avait d'ailleurs aucune part à la gestion. Son rôle se bornait à apposer sa signature à côté de celle du roi au bas du traité, puis à présenter ses cautions qui étaient les fermiers généraux. Après quoi il était libre de son temps et jouissait tranquillement de son traitement de

Les fermiers versaient au Trésor, comme garantie de leur gestion financière, un cautionnement ou fonds d'avance de 90 millions, chacun contribuant à la formation de ce capital pour une égale part de 1.560.000 livres.

Le bail de la ferme était fait pour six ans « à extinction de chandelle, au plus offrant et dernier enchérisseur. »

Le prix, qui ne dépassait pas 56.670.000 livres en 1681, ne cessa pas de s'élever et avait plus que doublé en 1763, lors du

quatre mille francs par an. Mercier, dans son *Tableau de Paris*, nous a conservé le portrait de l'adjudicataire Nicolas Salzard.

« J'étais dans un café, raconte-t-il, assis à côté d'un Russe qui m'interrogeait curieusement sur Paris. Entre un assez gros homme en perruque nouée, son habit était un peu râpé et le galon usé. Il s'assied dans un coin et hume une bavaroise avec la lenteur de l'ennui et la langueur du désœuvrement et de l'inoccupation. — Vous voyez bien, dis-je à mon voisin, cet homme-là qui bâille et qui n'aura pas fait dans une heure? — Oui, me dit-il. — Eh bien, c'est le soutien de l'État et du Trésor Royal. — Comment? — C'est lui qui donne au roi de France 160 millions et plus pour entretenir ses troupes, sa marine et sa maison. Il a affermé les cinq grosses fermes. Avant-hier il a signé le contrat avec le monarque. Les fermiers généraux sont ses agents, ses commis ; ils travaillent tous sous son nom, ce nom qui remplit la France entière. Il arrête aux barrières les carrosses des princes, si bon lui semble ; il visite ce qu'il veut visiter ; il oblige les bourgeois à prendre de son sel contre leur volonté ; il empêche une villageoise, sur le bord de l'océan, de saler son pot avec de l'eau de mer ; il met son timbre sur tous les papiers de procédure ; il envoie, en son propre nom, des assignations au plus grand seigneur comme au simple particulier ; il a un puissant crédit, car il gagne tous ses procès et ceux qui lui font quelque tort sont envoyés aux galères et quelquefois pendus ; il a une juridiction toute particulière pour cela et des juges qui le servent à ravir. Sa personne est bien précieuse car elle répond au roi de sa créance. S'il ne payait pas, le roi de France saisirait sa personne pour se faire payer ; mais il paie très bien et, de plus, il est fort désintéressé. Qu'on dise que la régie ruine le royaume, c'est un conte. Désabusez, je vous prie, les Russes quand vous serez à Pétersbourg. Cet homme perçoit 160 millions et plus pour 4,000 francs par an... Il ne dépense pas un sol au delà ! C'est le modèle de l'économie la plus stricte et la plus sévère... Avez-vous dans votre pays un homme qui vous rapporte 160 millions pour 4,000 francs d'honoraires? Il faut avouer que le roi de France est servi à bon marché et qu'il a dans ce personnage un habile et fidèle serviteur.....

« Le Russe ne savait ce que je voulais dire ; il ouvrit de grands yeux avec étonnement. Il fallut que je lui explique ce que c'était que Nicolas Salzard, successeur de Laurent David et de Jean Alaterre. Quand il sut que c'était un valet de chambre, jadis portier, qui avait pris possession du bail des fermes générales et qui en avait signé le contrat avec le souverain à la face de l'Europe, quoique poli, il ne put s'empêcher de rire au nez de Nicolas Salzard... Celui-ci ne fit pas seulement attention. Il se leva pesamment, paya longuement, ne sachant de quel côté tourner son existence solidaire des revenus de l'État. »

bail de Jean Prévost, où le prix du traité fut fixé à 124 millions (1).

Il existait entre la ferme et le Trésor un compte courant par doit et avoir, dans lequel la ferme se trouvait toujours en avance sur le Trésor, qui n'avait par conséquent pas à faire d'encaissement effectif du prix du bail, à l'échéance des fermes, sauf dans le cas où la liquidation établie en fin de bail faisait ressortir une recette supérieure à l'ensemble des six annuités. L'Etat participait aux bénéfices de compte à demi avec la Compagnie des fermiers généraux.

II

Le service central de la ferme était installé à Paris, à l'hôtel des Fermes, rue du Bouloi (2). Il était réparti en trois grandes sections : les comités, les correspondances et les tournées.

La section des comités se subdivisait en un certain nombre de départements : celui des caisses, qui était le plus important et où se traitaient, avec le Gouvernement, les affaires d'intérêt général; le département du personnel; celui du contentieux; celui des retraites; celui des gabelles; ceux des tabacs et des

(1) Le prix se répartissait ainsi entre les différentes natures de produits :

Gabelles	35,196,000	livres
Traites et cinq grosses fermes	14,031,300	—
Aides	33,983,200	—
Vente du tabac	22,208,700	—
Domaine d'Occident	1,139,300	—
Domaine de France	14,817,100	—
Droits afférents aux duchés de Lorraine et de Bar	2,623,800	—
	124,000,000	—

(2) Cet hôtel devenu bien national, fut acheté par le comte de Saint-Simon, le fondateur du Saint-Simonisme, et le comte de Redern qui firent à cette époque de vastes spéculations sur les propriétés mises en vente par la nation. Plus tard Saint-Simon y installa les bureaux d'une entreprise de diligence. L'hôtel fut démoli sous la Restauration.

traites. Chacun de ces départements, subdivisé lui-même en bureaux, avait un directeur, au-dessus duquel était un comité de fermiers généraux.

La section des correspondances était chargée de transmettre aux directeurs de province les décisions élaborées par la section des comités.

Enfin, la section des tournées était composée des fermiers généraux, désignés annuellement par le contrôleur général pour aller en province vérifier les caisses des receveurs de la ferme.

Les tourneurs, ainsi qu'on les appelait, devaient aussi s'enquérir de la conduite des commis, de leur manière de vivre; s'ils étaient sages, appliqués, sociables, expéditifs ou, au contraire, s'ils étaient fiers, arrogants, emportés, vains, aimant la dépense et le jeu, et s'ils n'étaient point accusés de tirer des gratifications des redevables; s'ils étaient mariés; s'ils ne se mêlaient d'aucun commerce (1).

Dans chaque généralité, la Compagnie des forains généraux était représentée par un directeur ayant sous ses ordres tous les agents des services actifs et sédentaires : inspecteurs, contrôleurs, ambulants, vérificateurs et commis buralistes.

III

La plupart des charges de fermiers généraux étaient sujettes à des croupes ou à des pensions. Sous le nom de *croupe*, sans doute par allusion à une personne prise en croupe par un cavalier, on désignait, soit la part de bénéfice que devait laisser le fermier à des personnes que la Cour voulait favoriser, soit le produit d'une somme prêtée par un croupier au fermier pour la placer dans la ferme.

(1) Recueil des édits concernant le contrôle des actes 1689.

Quant aux pensions, elles étaient des sommes fixes que devait verser annuellement un fermier à des personnes également désignées par la Cour. C'est ainsi que 400.000 livres de pension étaient assignées sur les fermiers généraux.

Le roi lui-même possédait trois croupes qui équivalaient pour lui à une place entière de fermier général. Outre le pot-de-vin traditionnel de 100.000 écus au contrôleur général à la signature du bail, les fermiers donnaient encore aux ministres comme étrennes en argent, bougie, vins et tabac, 210.000 livres par an (1). En vertu du cahier des charges, chaque fermier devait annuellement abandonner une somme de 18.000 francs pour les pauvres.

L'émolument annuel d'un fermier général comprenait, vers 1775 :

Droits de présence	24.000	livres.
Intérêts à 10 % du premier million de cautionnement	100.000	—
Intérêt à 6 % sur le surplus (560.000 fr.)	35.000	—
Etrennes	2.000	—
TOTAL	159.000	livres.

Les croupes et les pensions, dont les places étaient grevées, venaient en déduction de ce total; mais les fermiers trouvaient une compensation dans les plus-values de rendement obtenues pendant l'exercice, dont ils partageaient le revenant bon avec le Gouvernement. Lors de la liquidation du bail David, par exemple, les excédents de recettes valurent à chacun des fermiers un profit de 250.000 francs.

Parfois aussi la Compagnie savait s'assurer des marchés avantageux, grâce à l'inexpérience ou à la légèreté du contrô-

(1) Delahante. *Une famille de finances.*

leur. Elle put par exemple obtenir de Fleury, en 1726, abandon de tous les droits dont les comptables des régies antérieures étaient reliquataires, réalisant d'un trait de plume un gain de 60.400.000 livres.

En résumé, le rapport d'une place de fermier général, tant par les bénéfices réguliers que par les profits casuels et éventuels, pouvait se monter à 300.000 livres par an.

CHAPITRE X

De Machault à Laverdi

I. Machault lutte contre les privilèges. — II. Silhouette. — III. Bertin. — IV. Laverdi.

I

Grâce à une politique d'abdication et d'abstention à l'extérieur, Fleury put diminuer un peu les impôts; mais la guerre, qu'il ne fut pas possible d'éviter, trouva nos troupes en assez mauvais état et ne tarda pas à rouvrir l'ère des embarras financiers.

Quatorze contrôleurs généraux se succédèrent sous le règne de Louis XV. Machault d'Arnouville, homme intègre et habile administrateur, fut sans conteste le meilleur de tous. Successeur de Le Pelletier de la Houssaye, de Dodun et d'Orry, il eut d'abord à soutenir pendant trois ans la guerre de la succession d'Autriche, ce qu'il fit à l'aide d'emprunts et d'impôts, d'après les anciens procédés; à la paix, il entreprit de reconstituer les finances et imprima à leur direction un caractère nouveau qui fait époque dans l'histoire. Il estimait que les contributions devaient porter principalement sur les valeurs que produit la nature, indépendamment des travaux de l'homme, et il établit l'impôt territorial comme base du revenu de l'Etat.

L'impôt du dixième sur le revenu des biens-fonds, établi par Desmarets en 1709, supprimé en 1717, rétabli en 1733, supprimé en 1737 et rétabli encore en 1741, fut supprimé définitivement en 1749 et remplacé par un impôt du vingtième, portant sur tout genre de revenu. Le produit en était destiné à fonder une caisse d'amortissement qui devait arrêter l'augmentation de la dette; malheureusement, cette excellente mesure ne put être appliquée intégralement. Le clergé parvint à se soustraire à la taxe et les pays d'Etats obtinrent des abonnements qui détruisirent les contributions.

Machault s'efforça du moins d'élever des barrières contre l'accroissement des propriétés foncières du clergé et des mainmortables, qui se dérobaient ainsi aux charges publiques. Il avait fait déjà, en 1747, un édit fameux, connu sous le nom d'édit de mainmorte, qui défendait tout nouvel établissement de chapitre, collège, séminaire, maison religieuse, sans une permission expresse du roi, et révoquait tous les établissements de ce genre faits sans autorisation juridique. L'acquisition de biens par le clergé et les communautés religieuses ne fut plus permise qu'avec une autorisation expresse du Gouvernement et, par cette espèce d'interdiction, le clergé, malgré sa répugnance pour les effets publics, fut conduit à employer ses capitaux en rentes sur l'Etat, ce qui, en multipliant les acquéreurs de ces fonds, en soutenait le taux.

Machault avait succédé à d'Aguesseau dans la charge de garde des sceaux, tout en conservant le contrôle général. Il fit rendre, en 1753, un arrêté pour la liberté du commerce des grains dans l'intérieur de la France, que des règlements prohibitifs étaient venus entraver depuis les sages dispositions prises par le duc de Noailles, sous la Régence.

L'année suivante, le clergé, irrité contre lui, parvint à lui faire retirer le contrôle des finances pour le faire passer au ministère de la marine; mais, en 1757, lors de l'attentat de Damiens, il commit l'imprudence d'accepter du roi, qui se croyait en danger, la mission d'inviter Mme de Pompadour à quitter Versailles. La favorite fut rappelée dès que Louis XV fut rassuré sur sa blessure et Machault n'eut plus qu'à prendre sa retraite.

II

Après Séchelles, de Moras, Boullonge, qui laissèrent peu de traces au contrôle, Mme de Pompadour proposa au roi, pour les finances, Etienne de Silhouette, maître des requêtes, ancien commissaire pour la fixation des limites de l'Acadie, commissaire du roi près la Compagnie des Indes. Il avait résidé à Londres, où il était chargé de l'achat des tabacs pour les fermiers généraux [1].

Le nouveau contrôleur général lut au Conseil un exposé si

(1) Fils d'un receveur des tailles de Limoges, il avait tout enfant accompagné celui-ci dans un voyage en Angleterre, et l'on raconte qu'il avait un jour fixé l'attention de Jean-Baptiste Rousseau, alors retiré dans ce pays, par la manière intelligente dont il avait écouté une conversation. Silhouette était lettré. On a de lui divers ouvrages et une traduction des *Essais sur l'homme* et *Sur la critique* de Pope.

Il avait été convenu que le roi rencontrerait Silhouette en venant chez Mme de Pompadour, où le futur ministre se trouverait comme par hasard. Le récit de cette entrevue nous est rapporté dans les *Mémoires Secrets*. C'est un trait des mœurs de l'ancien régime.

A peine Silhouette était-il arrivé que le roi fait son entrée et lui dit d'un ton rauque, mais d'un air riant : « Ah ! vous voilà, Monsieur de Silhouette. » — Profonde révérence.

— « Les lambris de votre cabinet sont-ils vernissés ? » continue le roi.

A cette question inattendue, Silhouette stupéfait reste court. Le roi devant ce silence devient sombre, craint de se trouver embarrassé et s'en va.

Alors Mme de Pompadour de gronder M. de Silhouette, qui s'excuse en disant qu'il n'a jamais fait attention si le lambris de son cabinet est vernissé ou non : « Le roi vous fait une question pour dire qu'il vous parle, reprend Mme de Pompadour. Il fallait lui répondre n'importe quoi. Hier il parla à Gradenigo, l'ambassadeur de Venise ; il lui a dit : « A Venise, combien sont-ils au conseil des Dix ? ». « Sire, quarante », répondit l'ambassadeur. Le roi n'a pas plus fait attention à la réponse qu'à sa demande. Quand Richelieu revint de Mahon, bouffi d'orgueil, pour avoir enlevé le fort Saint-Philippe, le roi vint au maréchal et lui demanda si les figues de Mahon étaient bonnes ».

Grâce à Mme de Pompadour, la mauvaise impression causée par la première entrevue fut vite effacée dans l'esprit du roi, Silhouette fut nommé contrôleur.

lumineux de la situation financière que tout le monde en fut dans l'admiration (1).

Silhouette débuta par quelques réformes qui furent approuvées. Il cassa le bail de la ferme, qu'il convertit en régie surveillée par des commissaires du roi. Des actions furent créées, au nombre de 72.000, à raison de 1.000 livres chacune, avec attribution d'intérêt à 5 % ; elles furent enlevées sur-le-champ, ce qui donna 72 millions au Trésor en vingt-quatre heures; mais les éloges se changèrent en récriminations quand il s'attaqua aux droits des classes élevées. Il fit enregistrer en lit de justice, le 22 septembre, un édit de subvention territoriale qui soumettait à l'impôt, sans exception, tous les corps qui avaient eu jusqu'alors le privilège de s'y soustraire. Les protestations furent si vives que l'édit ne fut pas exécuté.

Silhouette, peut-être par dépit, commit alors la faute de suspendre une partie des paiements exigibles sur le Trésor et invita les citoyens à porter leur argenterie à la Monnaie. C'était ce que les Anglais appellent un *testimonium paupertatis*, un aveu de notre indigence. Nous étions alors en pleine guerre de Sept Ans, et l'Angleterre, unie à la Prusse, que nous combattions, à la nouvelle de cette mesure désespérée qui lui révélait notre pénurie, refusa de faire la paix.

Silhouette ayant voulu diminuer les dépenses personnelles du roi et établir de nouveaux impôts, s'aliéna à la fois la Cour et le peuple. Il perdit tout crédit et fut forcé de quitter le ministère au bout de huit mois (2).

(1) Forbonnais, auteur des *Recherches sur les Finances de France*, prétendait en être l'auteur. Stainville, plus tard duc de Choiseul, rencontrant le grand économiste dans un corridor de Versailles, lui dit l'impression produite par le rapport. — « Est-ce possible, dit Forbonnais, je n'y ai mis pourtant qu'une matinée ! »

(2) Il ne se consola pas de n'être plus ministre. Pendant sa dernière maladie on lui lisait *Gil Blas* et comme le lecteur arrivait à cette phrase : « Il mourut de la mort des ministres en disgrâce », l'ancien ministre murmura d'une voix plaintive : « Il est trop vrai. »

Voltaire écrivait de lui à Mme du Deffand : « Ses idées m'ont paru très belles, mais employées mal à propos. Je croyais sa tête formée sur les principes de l'Angleterre; mais il a fait tout le contraire de ce qu'on fait à Londres, où il avait vécu un an chez mon banquier Benezet. »

A défaut de grands souvenirs laissés dans l'histoire des finances, Silhouette a fourni un mot nouveau au dictionnaire. A sa chute, on avait donné son nom à une manière de faire des portraits avec l'ombre de la figure, qui était en vogue à cette époque. On les appelait des *portraits à la Silhouette*, pour indiquer à la fois la brièveté de son ministère et le peu de consistance de ses moyens financiers.

III

Bertin, qui fut le successeur de Silhouette, trouva le Trésor épuisé à ce point que, pour parer aux premières nécessités, il dut emprunter personnellement 500.000 livres au prince de Conti. Quand les Anglais tentèrent une descente en Normandie, il fallut que le roi prélevât sur sa cassette particulière 2.000 louis qui furent envoyés en poste sur les lieux.

Cependant l'Angleterre était menacée d'une descente par deux armées françaises sous Chevert et le duc d'Aiguillon; mais deux escadres, qui devaient protéger cette expédition, furent battues; l'une fut détruite à la hauteur du cap Saint-Vincent, l'autre dut se réfugier dans la rivière de Vilaine d'où elle ne put sortir.

Nos vaisseaux, échoués en Bretagne, contenaient une somme considérable destinée au service de l'escadre; elle était désormais sans objet par la destruction de notre marine. Bertin s'en servit pour pourvoir aux besoins du moment et renonça à un emprunt qu'ils se proposait de faire aux juifs de Strasbourg à n'importe quel prix. Bertin fit rejoindre le courrier chargé de cette négociation, qui s'était déjà mis en route, pour l'empêcher d'aller plus loin. Au lieu de cet emprunt onéreux, qui aurait mis une fois de plus à découvert la détresse de nos finances, il put parvenir, quelque temps après, à en faire un de 30 millions en viager qui fut couvert assez facilement.

Laverdi succéda à Bertin en 1763. La paix était conclue et une période réparatrice aurait pu s'ouvrir pour la France sous une administration sage et économe; mais jamais nos finances n'avaient été confiées à des mains plus faibles et plus incapables. Tous les spéculateurs de la Cour trouvaient en Laverdi un instrument docile. Pour ouvrir un champ plus vaste à leurs opérations, un arrêt du Conseil permit l'exportation des grains; on prétendait ainsi augmenter la valeur de la propriété territoriale; mais on poursuivait, en réalité, le double but de doubler le produit de l'impôt du vingtième, et surtout de hausser le prix du blé en le faisant sortir du royaume et en le réimportant ensuite par petites quantités.

Quoique personnellement intègre, Laverdi autorisa la formation de la célèbre Compagnie Malisset, qui devint le pacte de famine. L'abbé Terray, dont nous aurons à reparler, et le premier commis des finances Cromot du Bourg, étaient l'âme de ses opérations, auxquelles il est pénible de constater que le roi et les plus grands seigneurs de la Cour étaient intéressés. C'est aux manœuvres des accapareurs qu'on attribua les cruelles famines qui ont désolé la France à diverses époques, notamment dans les années 1767-69, 1775-78, 1788-89. Il était trop visible que l'Association jouissait de la protection des pouvoirs publics. Un ancien secrétaire de l'ordre du clergé, le Prévost de Beaumont, ayant eu connaissance de la société, en fit un rapport au Parlement de Rouen. L'imprudent fut enlevé et mis à la Bastille, où il resta jusqu'au 14 juillet 1789.

La complaisance de Laverdi ne suffit pas pour le maintenir longtemps aux affaires; il fut congédié. On fit sur son départ ces trois vers qui amusèrent la Cour :

Le roi dimanche
Dit à Laverdi
Va t'en lundi.

Pendant son administration, l'intérêt légal avait été réduit de 5 % à 4, dans l'espoir de favoriser les placements d'Etat; mais l'argent n'ayant pas été rendu plus commun ni la dette publique plus assurée, l'Etat ne put ouvrir des emprunts à un moindre taux que par le passé, tandis que les entreprises des particuliers étaient arrêtées.

———×———

CHAPITRE XI

L'abbé Terray

I. — La philosophie de la banqueroute. — II. Faillites partielles. — III. Pots de vin et spéculations.

I

Mangon d'Invau, qui succéda à Laverdi, était une créature de Choiseul. L'influence du chancelier Maupeou le fit renvoyer et Choiseul, pour se venger, conseilla au roi de confier à Maupeou les finances en même temps que les sceaux, persuadé qu'il ne pourrait se maintenir longtemps en faveur à ce poste redoutable de contrôleur. Mais le chancelier para le coup; il refusa les finances et proposa de les donner à l'abbé Terray.

« L'abbé, lui dit Maupeou, le contrôle général des finances est vacant. C'est une bonne place, où il y a de l'argent à gagner. Je veux te la faire donner. »

Bien qu'ayant plus de 50.000 écus de rentes, Terray était encore avide d'argent. Il était le grand machinateur des spéculations sur les grains.

Son intelligence était claire et ses raisonnements, d'où il écartait les faits accessoires, étaient toujours d'une rare précision. Son système, extrêmement simple, peut se résumer d'un mot : faire banqueroute en détail. Il le légitimait par les théories de Bossuet sur la propriété foncière du royaume par le roi.

« Apprenez, Messieurs, disait-il un jour dans une discussion, que les biens des citoyens sont ceux du roi et que les dettes du souverain sont celles de l'Etat. »

« Les créanciers de l'Etat sont bien à plaindre! s'écriait-il ironiquement. On leur paie depuis longtemps des intérêts qui ont absorbé le fonds; le roi ne doit légitimement plus rien. Ainsi je ne vois plus, pour payer les dettes de l'Etat, qu'une banqueroute générale, qu'il faut avoir l'adresse de faire en détail, de façon qu'en quelques années le roi soit quitte. »

Il professait qu'une banqueroute par siècle était nécessaire pour mettre l'Etat au pair et le débarrasser des paperasses des porteurs de titres.

II

Les deux premières mesures que prit l'abbé Terray, en conformité de ses doctrines, furent une diminution, suivant différentes proportions, des arrérages d'un grand nombre d'effets royaux et la réduction des tontines en rentes purement viagères.

Il mit la main sur les billets de ferme et en fit suspendre le paiement aux particuliers qui avaient placé leurs fonds dans la ferme.

Les rentes de la Ville se montaient à 70 millions, pour lesquels les fermiers généraux versaient, par semestre, un fonds de 35 millions. On les appelait « le pot-au-feu de Paris » et nul ministre n'avait encore osé y toucher. Terray réduisit de 9 millions les fonds affectés à leur paiement [1].

Il résulta de toutes ces mesures odieuses des procès, des faillites et des suicides. En 1771, on compta 2.350 bilans mis

(1) On trouva un matin le nom de « Rue Terray » substitué à celui de la rue Vide-Gousset, sur l'écriteau placé au coin de cette rue.

sous greffe et 200 suicides. Terray n'en était nullement ému et continuait de faire paraître toutes les semaines un édit réduisant les rentes. Un jour un homme qui était père de seize enfants vint lui représenter que ses édits le réduisaient à la misère : « Faut-il que j'égorge mes enfants? » — « Peut-être leur rendriez-vous service, » lui répondit froidement l'abbé (1).

Ce ministre scélérat méditait une opération plus vaste. Après s'être essayé par des faillites partielles, il voulait en finir d'un seul coup par une grande banqueroute. Il se proposait d'accaparer le numéraire en ordonnant à tous les receveurs et trésoriers de France de faire voiturer directement à Paris leurs fonds en espèces. Son intention était, après avoir amassé dans le Trésor royal un capital qui formât la quasi totalité de la richesse métallique du pays, de doubler le titre des espèces par un arrêt de la Cour des monnaies, en mettant par exemple les écus de 6 livres à 12 livres. Il aurait pu ainsi payer un million pour 2 millions. Après quoi il aurait remis à 6 livres les écus de 12 livres.

III

Les économies et les réformes de Terray ne portèrent sur aucune des dépenses de la maison du roi ni sur les pensions de la Cour, prenant bien soin de ne s'attaquer qu'aux simples particuliers dont la haine était impuissante. Il n'eut garde d'oublier le soin de sa fortune au milieu de la détresse publique. Une de ses maîtresses, la baronne de Lagarde, qui vendait les

(1) Sa physionomie sinistre annonçait son âme. On y voyait les signes de toutes les mauvaises passions. Un jour, dans un dîner, un des convives qui était sourd, voyant rire Terray, demanda : « Voilà l'abbé qui rit, est-ce qu'il est arrivé malheur à quelqu'un ? » Terray a cependant trouvé un admirateur en Lebrun, le collègue de Bonaparte au Consulat, qui a écrit son éloge. Il ne lui a manqué qu'un vice, a-t-on dit de lui : l'hypocrisie.

faveurs du contrôleur, se fit prendre dans l'exercice de ce commerce et il fut établi qu'elle avait ainsi gagné 1.800.000 livres en dix-huit mois. Terray prétendit que ces agissements avaient lieu à son insu; mais, à quelque temps de là, il fut lui-même convaincu d'avoir reçu un pot-de-vin de 300.000 francs sur le bail des poudres. Sans se déconcerter, il alla porter la somme à Mme Dubarry, en lui disant que c'était pour elle qu'il l'avait demandée.

Pour se livrer plus facilement à ses spéculations sur les blés, Terray détruisit l'œuvre de Machault, qui avait établi la libre circulation des grains dans l'intérieur du royaume. Terray autorisait ou défendait cette circulation au mieux de ses intérêts d'accapareur; il interdisait par exemple l'exportation du blé dans telle province : les blés y baissaient aussitôt de prix; il en achetait et en revendait dans une autre province qu'il avait affamée en y favorisant l'exportation.

Pendant ce temps la misère du peuple, accablé d'impôts et de vexations, était excessive. Les habitants des campagnes abandonnaient la culture pour se livrer à la contrebande. Déjà, sous l'administration pourtant économe et sage de Machault, on avait vu Mandrin devenir le chef d'une bande assez nombreuse pour pouvoir piller impunément les caisses des fermiers des impôts.

Il en vint à attaquer des villes importantes comme Roanne et Autun et mit en déroute plusieurs détachements envoyés contre lui. Sa popularité était très grande.

On peut juger de ce qu'était l'état des campagnes après quelques années d'un ministère comme celui de l'abbé Terray!

TROISIÈME PARTIE

LA RÉVOLUTION ET L'EMPIRE

CHAPITRE PREMIER

Turgot

I. Caractère de Turgot. — II. Les réformes. — III. La disgrâce.

I

Louis XV était mort. A un ministère criminel, Louis XVI fit succéder un ministère vertueux. Turgot (1), déjà précédemment admis dans le Conseil du roi comme ministre de la marine, reçut le contrôle général des finances. Son collègue au ministère, Lamoignon de Malesherbes, disait de lui : « Il a la tête de Solon et le cœur de L'Hospital. »

C'était un homme droit et de bonne foi. Il avait l'esprit ferme et judicieux; mais, comme Louis XVI, comme Malesherbes, animés aussi des meilleures intentions, il avait l'intelligence un peu gauche. Il n'avait pas cet art des expédients et cette adresse qui sont nécessaires au maniement des choses humaines et, par une erreur bien excusable après le gouvernement d'un Maupeou et d'un Terray, il crut qu'il suffirait d'être honnête autant qu'ils avaient été indignes pour rétablir la prospérité publique. Il eut trop de confiance dans la force de la justice et de la vérité.

« Turgot et moi, a écrit Malesherbes, nous étions de fort honnêtes gens, très instruits, passionnés pour le bien. Qui n'eût

(1) Il était fils du prévôt des marchands de Paris et avait été d'abord intendant de la généralité de Limoges.

pensé qu'on ne pouvait mieux faire que de nous choisir? Cependant, ne connaissant les hommes que dans les livres, manquant d'habileté pour les affaires, nous avons mal administré. Sans le vouloir, nous avons contribué à la Révolution. »

« Point de banqueroute, point d'augmentation d'impôts, point d'emprunts! » Voilà quelle était la devise de Turgot. Son programme financier était de réduire la dépense au-dessous des recettes, pour pouvoir économiser chaque année une vingtaine de millions, destinés au remboursement des dettes anciennes. « Sans cela, disait-il, le premier coup de canon forcerait l'Etat à la banqueroute. »

II

En montant sur le trône, Louis XVI avait supprimé le droit de joyeux avènement. Il abolit la torture et la loi qui rendait solidaires les taillables pour l'impôt.

Turgot déclara libre le commerce des grains à l'intérieur de la France et supprima un impôt additionnel de huit sous par livre qu'on avait ajouté aux droits de péage. Les pensions étaient en retard de trois ans. Turgot fit payer deux termes à la fois de celles qui n'excédaient pas 400 livres et qui pouvaient être considérées comme alimentaires; il régla les autres par parties. La dette exigible fut diminuée et remboursée aux citoyens pauvres.

Nous avons vu que, pour se procurer une ressource momentanée en les vendant, les précédents contrôleurs avaient créé des charges inutiles. Tous les offices de finances s'étaient ainsi multipliés et les caisses avaient chacune des trésoriers et des contrôleurs. Turgot réunit sur une seule tête les charges doubles en faisant rembourser celle qu'il supprimait par le titulaire qui conservait l'autre et que l'augmentation de ses droits d'exercice dédommageait suffisamment. Une Caisse d'Escompte fut créée, pour escompter à 4 % les lettres de change et faire au même intérêt le taux commun de l'escompte.

Toutes ces mesures étaient excellentes; mais Turgot se rendait compte qu'elles n'étaient pas un remède suffisant à la situation. Aussi méditait-il des réformes plus étendues.

Il combinait, avec Malesherbes, un système d'administration destiné à détruire tous les abus; il désirait faire contribuer la noblesse aux impôts dans la même proportion que le Tiers Etat; il voulait, par le moyen des Assemblées provinciales, accoutumer la nation à la discussion des intérêts publics et, consacrant pour la première fois le principe de l'égalité, il fit promulguer des édits qui remplaçaient les corvées pour les routes par une contribution répartie entre tous et qui abolissait les jurandes.

Plusieurs princes de sang et quelques officiers de la couronne payaient mal leurs impôts. Turgot constata qu'il y avait eu de ce chef, de 1760 à 1774, un retard de 1.634.247 livres.

Au risque de se faire des ennemis puissants, Turgot fit décider par le roi que la somme réclamée serait retenue sur le traitement des princes et des dignitaires pendant plusieurs années.

III

La liberté du commerce des grains, succédant brusquement au régime de la réglementation, provoqua une crise dans les campagnes. Des bandes de vagabonds parcouraient les routes, ameutant les villages, exhibant de faux arrêts du Conseil, imprimés, et qui ordonnaient de leur livrer du blé. Ils pillèrent des marchés et saccagèrent des boulangeries.

Turgot prit ces troubles trop au grave. Il avait la main un peu lourde. Un déploiement de troupes extraordinaire effraya l'opinion publique plus que ces petites émeutes. Les chevau-légers partirent de Versailles pour Pontoise; les mousquetaires noirs campèrent sur la rive droite de la Marne; les mousquetaires gris sur la basse Seine; les gendarmes sur la haute Seine, tandis que les gardes-françaises, les Suisses et les invalides surveillaient les faubourgs et les boulangeries. On appela cette démonstration militaire la guerre des farines.

En dépit de ses excellentes intentions, Turgot, par son manque d'habileté, avait fini par s'attirer de nombreuses hostilités. Evoquant le souvenir de son prédécesseur, on disait que Terray faisait bien le mal, tandis que Turgot faisait mal le bien.

Maurepas, son collègue du ministère, excita les esprits contre lui et alarma le roi sur les dangers des réformes. Après l'avoir soutenu quelque temps, le faible Louis XVI finit par subir l'influence de son entourage. Lui aussi trouva que Turgot était parfois un peu diffus et un peu long dans ses explications et ses exposés des questions. Il s'impatientait à écouter la lecture des mémoires au Conseil. Un jour que le ministre tirait de son portefeuille un volumineux cahier : « Encore un mémoire? » dit le roi. Turgot ayant achevé sa lecture : « Est-ce tout? interrogea-t-il. — Oui, Sire. — Tant mieux, dit le roi, et il s'en alla. Deux jours après, Turgot recevait sa lettre de renvoi. Il y eut une explosion de joie à la Cour. On voyait, dans les promenades, des gens s'aborder en se félicitant. Marmontel comparait la joie des courtisans à celle d'une bande de brigands rassemblés dans la forêt de Bondy, à qui l'on vient d'apprendre que le grand prévôt est renvoyé.

———×———

CHAPITRE II

Necker

I. — Le système de Necker. — II. L'emprunt. — III. Réforme de la ferme. — IV. Le mont-de-piété. — V. Le compte rendu au roi.

I

Malgré la devise : « Point d'emprunts », Turgot avait dû se résoudre à y recourir à la fin de son ministère. Au moment de sa chute, il s'était assuré, en Hollande, d'un emprunt de 60 millions à moins de 5 %. Clugny, ancien intendant de Saint-Domingue, qui succéda à Turgot au contrôle des finances, ne put terminer cette opération et dut emprunter à 6 1/4. Il ne fit que passer au ministère et céda bientôt la place à Taboureau, avec Necker comme conseiller des finances.

Necker, arrivé jeune de Genève à Paris, avait d'abord été commis chez un banquier, puis, devenu banquier lui-même, il s'était enrichi par des spéculations heureuses [1].

C'était un homme intègre et d'une haute intelligence, qui faisait, de la bonne foi et de la fidélité aux engagements, la base de sa politique financière. Réduire les dépenses au niveau des recettes, recourir aux emprunts dans les cas de nécessité impé-

(1) En 1763, informé par un des principaux employés du ministère des affaires étrangères que la France était résolue à faire la paix avec l'Angleterre en lui cédant le Canada et les Indes. Necker avait spéculé sur la hausse des fonds anglais. Il en avait acheté de grandes quantités ; sa fortune s'élevait à plus de huit millions.

rieuse, faire répartir l'impôt par des Assemblées provinciales, rendre des comptes pour trouver plus facilement à emprunter, tel était le système de Necker.

Adversaire du système de Turgot, il avait critiqué l'administration de celui-ci dans son ouvrage : *Essai sur la Législation et le Commerce des Grains.* Le marquis de Pezay avait servi d'intermédiaire entre le roi et Necker.

Quand, au bout de quelques jours, Taboureau se retira, Necker, resté seul au contrôle, fut nommé directeur général des finances; mais appartenant à la communion protestante, il ne pouvait avoir de titre ministériel ni assister au Conseil.

II

Necker déclara, en entrant au contrôle, qu'il renonçait à toute espèce de traitement, de pot-de-vin et de récompense (1), ce qui fut d'un grand effet sur l'opinion. Immédiatement sa popularité fut immense et la confiance qu'il inspira fut sans bornes.

Avec les rentes viagères, la Loterie royale, étendue de Paris à toute la France, l'emprunt pratiqué sur une large échelle fut la grande ressource de son administration. Il avait su découvrir des ressources de crédit jusqu'alors inconnues, et l'étranger ne montrait pas moins d'empressement que la France à lui confier son épargne. Lors de l'emprunt de 1781, les soumissions venues du dehors furent portées jusqu'au tiers du total de l'emprunt.

(1) Outre les 200,000 francs attachés à sa charge, le contrôleur général avait des indemnités pour frais d'installation, des pensions, des droits de contrôle annuel et le pot-de-vin traditionnel à l'époque du renouvellement du bail des fermes. Il recevait des gratifications à son entrée en fonctions, des présents des pays d'États, des exemptions ou droits sur la fabrication de la vaisselle, des jetons d'or et d'argent offerts au jour de l'an par les administrations provinciales, les corporations, les titulaires d'offices de finances. Necker renonça à toutes ces prérogatives, même aux places dans les théâtres,

Turgot, à son tour, critiquait la méthode d'emprunt en banque de Necker, auquel il préférait l'ancienne pratique du recours aux traitants : « Tous nos prédécesseurs, depuis Sully, écrivait-il, avaient préféré les Compagnies de finance parce qu'ils étaient persuadés que les banquiers ont deux patries, l'une où ils trouvent de l'argent à bon marché, et l'autre où ils le vendent cher. » Turgot estimait que les anciens ministres avaient eu avantage à s'adresser à des financiers, tous français, qui, placés sous leur dépendance et soucieux de conserver leurs positions, devaient s'efforcer de donner satisfaction au Gouvernement autant qu'il leur était possible. Il faut reconnaître que cette pratique, en effet, ne donnait pas de mauvais résultats. Depuis longtemps les traitants faisaient au Trésor des avances à 4 1/2 %.

III

Le bail de la ferme expirait en 1780. Necker profita de son renouvellement pour y apporter de nombreuses modifications.

Il retira à la ferme générale la perception des droits sur les boissons et la mit en régie, sous l'administration de vingt-cinq régisseurs généraux. La direction des domaines fut en même temps confiée à vingt-cinq administrateurs.

Les fermiers généraux, ramenés de soixante à leur ancien nombre de quarante, voyaient réduire leurs attributions au recouvrement des droits d'importation et d'exportation des marchandises, aux droits d'octroi dans Paris, à la vente du sel et au monopole du tabac; mais Necker répondit à leurs protestations qu'il avait fixé, en traitant avec eux, un prix qui ne leur faisait courir aucun risque et que, dès lors, il n'avait à les admettre au partage des bénéfices qu'après le premier million.

Les fermiers qui furent maintenus dans leurs charges reçurent, pour les 1.200.000 livres de fonds d'avance fournies par chacun d'eux, un intérêt de 5 %, plus 2 % de dividende, ce qui portait l'intérêt à 7 %. Le droit d'amortissement du dixième, établi par l'arrêt de 1764, leur fut remis et il leur était attribué, à titre d'étrennes ou frais de régie, 2.000 livres par place et par an, en sus de leurs émoluments fixes de 30.000 francs.

Enfin, pour leur donner une compensation aux attributions qu'ils perdaient, Necker supprima les croupes, qui grevaient leurs charges, et qui, dans certains cas, absorbaient la majeure partie des traitements.

Necker parvint à mener à bien une réforme que Turgot avait tentée en vain et diminua les dépenses de la Cour par la suppression de quatre cent six charges de la bouche et du commun. Il prit aussi des dispositions pour liquider les vieilles dettes de la maison du roi et assurer le règlement des dépenses courantes, afin d'obtenir, à l'avenir, des prix moins excessifs des fournisseurs qui, sachant ne devoir être payés qu'au bout de quatre ans, grossissaient leur mémoire en conséquence et faisaient payer au roi le triple de ce que valaient leurs fournitures.

IV

Dès le début de son administration, en décembre 1777, Necker avait fondé le mont-de-piété (1).

(1) L'Italie avait depuis longtemps des monts-de-piété. Le premier établissement de ce genre avait été fondé en 1462, à Pérouse, à la suite d'une prédication du moine Barnabé de Terni. Les mots « mont » et « lieux de mont » étaient synonymes de banque au moyen âge. On lit dans le *Voyage en Italie*, de Duclos : « Sixte V ayant, suivant la maxime de Tibère, divisé pour régner, imagina, pour mettre toute la noblesse et les familles opulentes dans sa dépendance, de se rendre maître de l'or et de l'argent des citoyens par l'appât qu'il leur présenta ; pour cet effet, il créa les lieux de mont qui répondent à nos rentes sur la ville ; ils étaient d'abord à cinq pour cent... mais le coup décisif de Sixte V pour garder l'argent fut qu'au lieu de payer les intérêts en espèces, on ne les paya qu'en papier qui avait et qui continua d'avoir cours comme monnaie que l'État reçoit et donne en payement. »

On y prêtait sur gages à 10 % et le produit était remis aux hôpitaux.

Le public accueillit cette institution avec une faveur qui se manifesta par de nombreux dépôts. Mercier, dans son Tableau de Paris, dit qu'on y porta quarante tonnes remplies de montres d'or. Il résulte, des documents administratifs, qu'au 31 décembre 1778, les opérations se chiffraient ainsi : engagements, 128.508 objets, 8.509.384 livres; dégagements, 60.551 objets, 3.179.523 livres; stock en magasin, 67.957 objets représentant une valeur de 5.129.861 livres (1).

Le bureau de l'hôpital général avait fourni les premiers fonds; mais, les prévisions des besoins ayant été dépassées, des lettres royales de 1778 autorisèrent le mont-de-piété à emprunter 4 millions de livres.

Cette fondation eut pour effet de soustraire les personnes gênées aux exigences des usuriers qui exploitaient leurs embarras et faisaient des conditions d'autant plus onéreuses pour les emprunteurs que les lois du royaume défendant le prêt à intérêt, on avait recours, pour les tourner, à une série d'opérations toutes profitables au prêteur.

Celui-ci, au lieu d'espèces et valeurs ayant cours, vendait à crédit un certain nombre d'objets évalués à des prix léonins, comme, par exemple « une peau de lézard de trois pieds, curiosité agréable pour pendre au plafond d'une chambre », ainsi que dit le mémoire de la Flèche à Harpagon. Afin de se procurer de l'argent, on allait ensuite chez un agent secret du même Lombard (2), à qui on engageait ou revendait les objets achetés

(1) Necker, compte rendu au roi, janvier 1781.

(2) Quelles que fussent leur religion et leur nationalité, tous les prêteurs étaient appelés Juifs ou Lombards. Un établissement pour prêter de l'argent se disait aussi un Lombard.

Pendant la Révolution, le Mont-de-Piété ayant cessé de fonctionner par suite des mesures prises contre lui, on revit des Lombards à Paris : le lombard Serilly, le lombard Augustin, le lombard Feydeau, etc...

à neuf dixièmes de perte. Les plus modérés parmi les prêteurs étaient ceux qui se contentaient d'un bénéfice équivalent à un intérêt de 10 % par mois, soit 120 % par an, sans compter les droits fixes de commission, écriture et manutention.

Jusqu'au XVIIIe siècle, le prêt sur nantissement était encore réglé par de vieilles ordonnances royales datant des premiers siècles de la Monarchie et qui, le plus souvent, se contentaient de défendre de prêter sur « habit sanglant ou choc de charrue », c'est-à-dire sur l'armure et l'instrument aratoire, suprêmes ressources de l'homme de guerre et du laboureur. « L'habit sanglant » était un de ces gages héroïques comme on imaginait d'en donner aux époques chevaleresques. C'est ainsi que Juan de Castro proposa d'emprunter 30.000 livres sur ses moustaches aux commerçants de Goa. L'idée de Shylock, dans Shakespeare, demandant au marchand de Venise une livre de sa chair n'était pas, pour le Moyen-Age, aussi extraordinaire qu'elle nous le paraît aujourd'hui.

V

En janvier 1781, dans la quatrième année de son administration, Necker publia son *Compte rendu au roi*, sur la situation financière, qui présentait un excédent de 10 millions de recette sur la dépense ordinaire. C'était le premier budget qui fut présenté au pays. Il produisit une sensation profonde; mais Maurepas, ce courtisan futile, qui présidait le Conseil, ne put supporter la popularité toujours grandissante de son collègue. Il intrigua contre lui comme il l'avait fait contre Turgot. Les alliés, à Versailles, ne lui manquèrent pas. La Cour haïssait le réformateur, qui froissait ses vanités et gênait son luxe et ses plaisirs. Le compte rendu fut critiqué; les chiffres en furent contestés, et Maurepas montra au roi un danger dans les discussions des actes de son Gouvernement, soulevées par la publication de ce document.

Necker réclama d'être admis au Conseil pour justifier l'exactitude de son compte rendu et répondre aux attaques de Maurepas. On le lui refusa et il donna sa démission le 23 mai 1781.

Peu de temps avant de se retirer, il avait encore fait couvrir deux emprunts qui s'élevaient à 90 millions. Il y avait, au jour de son départ, 80 millions dans le Trésor royal; les fonds demandés pour la campagne de 1781, en Amérique, étaient réunis et la rentrée de 84 millions était assurée pour l'année suivante; mais la guerre en faveur de l'indépendance des Etats-Unis avait accru de 45 millions le passif du Trésor, dont le déficit, il est vrai, était en partie couvert par des économies et de judicieuses opérations. La France, sur la seule parole du Congrès, avait avancé à Washington la somme de 16 millions de francs.

———×———

CHAPITRE III

Calonne

I. Un ministre courtisan. — II. Les théories de Calonne. — III. L'Assemblée des notables.

I

Après la disgrâce de Necker, le comte de Vergennes, ministre des affaires étrangères, fut nommé président du Conseil des finances et s'adjoignit Joly de Fleury, avec le titre de contrôleur général. Il créa pour 18.400 000 livres de rentes viagères et ne put faire couvrir que la moitié d'un emprunt de 10.000.000 de rentes. Le crédit était parti avec Necker.

En 1783, Lefèvre d'Ormesson, de la famille de l'intendant des finances de Charles IX et d'Henri III, succéda à Joly de Fleury. Il fut à la fois incapable et déplaisant; Louis XVI, à qui il était importun, acheta, sans l'en prévenir, le château de Rambouillet. Le ministre voulait donner sa démission; mais sa femme, à qui il semblait dur de renoncer aux honneurs ministériels, pleura tant qu'il resta. Le roi dut lui signifier son renvoi.

Calonne, porté au ministère par les courtisans et les financiers, témoigna sa reconnaissance aux premiers par d'excessives prodigalités et aux seconds par le rétablissement de la ferme, que d'Ormesson avait supprimée pour la mettre en régie, acte qui fut qualifié par lui « d'effet d'une ignorance coupable. »

« Calonne, dit Mollien, avait une merveilleuse justesse d'esprit, une élocution facile; il exprimait avec assurance les opinions qu'il avait souvent conçues avec trop de légèreté; mais la vivacité de ses aperçus, sa bonne grâce, sa flexibilité dans les objections, le tour heureux qu'il donnait à ses explications, laissaient rarement à ses contradicteurs le droit de se prévaloir de leurs avantages. »

Ce ministre, trop décrié par l'histoire, fit preuve parfois d'une très réelle intelligence et de véritables vues d'homme d'Etat.

Il avait attaché à son cabinet plusieurs hommes d'une grande compétence financière, les deux banquiers génevois Penchaud et Clavière, ainsi que l'avocat Gerbier. Penchaud, qui avait des bureaux à Paris et à Londres, collaborait avec le ministre pour la combinaison de ses emprunts.

II

La doctrine, d'ailleurs fort juste de Calonne, était qu'il fallait rendre la confiance au public et ranimer le marché par la circulation du numéraire. Prenant le contre-pied de l'abbé Terray, il assura le paiement intégral des rescriptions de la Ville de Paris, suspendu par celui-ci au grand préjudice des affaires, et rétablit le paiement des rentes à leur échéance. Il en coûta au Trésor une dépense de 50 millions et l'espoir du ministre fut déçu. La situation générale était trop compromise pour que les transactions pussent recevoir une impulsion de ce brusque afflux de fonds.

Une caisse d'amortissement fut créée, avec une allocation annuelle de 3 millions du Trésor. Elle jouissait, en outre, du produit annuel de l'extinction des rentes viagères; mais cette institution ne subsista pas après son fondateur.

Calonne, malgré les objections de Penchaud, fit une excellente réforme en supprimant, par une refonte la disproportion de valeur existant entre la monnaie d'or et la monnaie d'argent, qui était cause de l'émigration de notre or au profit des pays étrangers et en particulier de l'Espagne. Le rapport fixe de 15 1/2 à 1 entre les deux métaux date de cette époque (octobre 1785).

C'est sous le ministère de Calonne que fut construit le mur d'enceinte de Paris, destiné à empêcher les fraudes de l'octroi, contre lesquelles la ferme générale était mal défendue jusqu'alors par une barrière en planches en assez mauvais état. En même temps fut établi le boulevard extérieur, qui débarrassa la ville des lourds camions qui la traversaient. Calonne avait voulu que les pavillons d'octroi fussent construits dans une architecture caractéristique et dans des proportions monumentales, afin, disait-il, que leur aspect frappât l'étranger arrivant à Paris, comme celui des Propylées d'Athènes (1).

Les travaux du port et de la rade de Cherbourg furent aussi exécutés en partie sous le ministère de Calonne.

III

Si utiles que fussent quelques-unes des dépenses du ministre, leur total ne s'ajoutait pas moins au chiffre de celles qui avaient un but moins justifié. Calonne ne refusait jamais rien. Quand la reine lui demandait quelque chose, il répondait : « Si ce n'est que difficile, c'est fait; si c'est impossible, nous verrons. »

(1) Le comte Mollien : *Memoires d'un ancien ministre du Trésor.*

Le Parlement soupçonnait un déficit considérable, malgré l'air assuré et souriant du ministre. Il refusa d'enregistrer les lois de finances et une rupture complète se produisit entre la Compagnie et le ministre.

L'opinion publique, alarmée par ce conflit et par les bruits qui couraient sur le mauvais état des finances, commençait à parler d'une convocation d'Etats généraux, mesure grave qui inquiétait vivement la royauté et à laquelle on n'avait pas recouru depuis 1614; Calonne s'avisa d'un moyen terme et proposa la convocation d'une Assemblée de notables à laquelle il soumettrait ses projets financiers.

L'idée fut adoptée. Les notables, nommés par le roi parmi les principaux membres de la noblesse, du clergé et de la magistrature, siégèrent à Versailles, pour la première fois, le 22 novembre 1787.

La dernière Assemblée de notables avait été réunie par Henri IV. Louis XVI, heureux de suivre un tel exemple, ouvrit la séance en disant : « Je n'ai pas dormi cette nuit, mais c'est de plaisir. »

Les notables furent divisés en sept bureaux ayant tous à leur tête un prince du sang. Le premier avait pour président Monsieur, frère du roi (plus tard Louis XVIII). Calonne leur avoua un déficit de 115 millions, dont il faisait remonter l'origine à l'abbé Terray pour une somme de 40 millions. « De 1776 à 1873, ce découvert avait augmenté de pareille somme », disait-il, et il admettait que lui-même, en moins de quatre ans, l'avait accru de 35 millions.

L'abbé Terray ni Turgot n'étaient plus; mais Necker protesta contre les allégations de son successeur. Il rappela que sous son ministère, d'après son compte rendu au roi, la situation financière se réglait en un excédent de recettes de 10 millions, et il offrit de comparaître devant l'Assemblée des notables pour réfuter les allégations de Calonne. Celui-ci ne répondit que par une lettre de cachet qui exilait son contradicteur.

Pour combler le déficit, le ministre proposait un impôt territorial substitué aux tailles et aux vingtièmes et réparti sans égard pour les privilèges de la noblesse et du clergé ni pour les pays d'Etats.

Tous les bureaux déclarèrent qu'avant de délibérer ils voulaient connaître la cause du déficit, en vérifier la réalité et examiner les états de finances pendant les dernières années. La première voix qui s'éleva pour faire cette réclamation fut celle de Monsieur.

Le contrôleur général s'y refusa, en soutenant que le roi n'avait pas appelé les notables pour un examen de cette nature. Il dit que le roi pouvait imposer sa volonté, et qu'il ne croyait pas qu'il y eût personne dans l'Assemblée qui le niât. « Il y a moi, répliqua vivement l'archevêque de Narbonne, et je ne serai pas le seul; l'impôt, soit dans sa quotité, soit dans sa durée, doit avoir la même borne que le besoin public, qui le fait établir et qui le justifie (1). »

Calonne s'efforçait de faire croire au public qu'il était d'accord avec l'Assemblée; mais une déclaration, partie du bureau de Monsieur, lui donna le démenti le plus formel.

Calonne, à qui le baron de Breteuil avait déjà aliéné la bienveillance de la reine, n'essaya pas de lutter davantage. Il résigna sa place et partit pour Londres.

(1) Une caricature faite à cette époque montrait un fermier entouré de sa basse-cour avec cette légende :

Le Fermier :

« Mes bons amis, je vous ai rassemblés pour savoir à quelle sauce vous voulez qu'on vous mange. »

Un coq dressant la tête :

« Mais nous ne voulons pas être mangés. »

Le Fermier :

« Vous vous écartez de la question. »

Encore sa retraite ne désarma-t-elle pas le Parlement, qui reçut une plainte contre lui et donna l'autorisation d'informer sur les abus d'autorité et les prodigalités de Calonne [1].

C'était une atteinte portée aux droits du monarque, qui n'admettait la responsabilité des ministres que devant lui-même, et une attaque contre la reine longtemps protectrice du ministre.

Le conflit engagé entre l'Assemblée et la Cour allait commencer la Révolution.

(1) Calonne ne s'était pas enrichi au pouvoir. Il n'avait pas mieux épargné sa fortune que celle de son pays et il sortit du ministère avec 700,000 francs de dettes. Son mariage avec la veuve du banquier d'Harvelay l'enrichit de nouveau ; mais quand il mourut la fortune de celle-ci était réduite de plusieurs millions à 6,000 francs de rente. Calonne rentra à Paris sous le Consulat à soixante-quinze ans. « Il était toujours le même homme, dit Mollien ; il adressait des plans de finance au premier Consul. »

———×———

CHAPITRE IV

A la veille de la Révolution

I. Lutte du ministère et du Parlement. — II. Les derniers expédients. — III. Le second ministère de Necker.

I

Bouvard de Fourqueux reçut le titre de contrôleur général; mais le véritable successeur de Calonne fut Loménie de Brienne, archevêque de Sens, qui s'était posé comme son antagoniste. « M. de Brienne, dit Mme de Staël, n'avait guère plus de sérieux réel dans l'esprit que M. de Calonne; mais sa dignité de prêtre, jointe au désir constant d'arriver au ministère, lui avait donné l'extérieur réfléchi d'un homme d'Etat, et il en avait la réputation avant d'avoir été mis à portée de la démentir. »

Calonne avait du moins une intelligence incontestable, et ses vues financières avaient pour principal défaut d'être trop en avance sur son temps. Il avait pressenti la puissance financière de la France et la force du crédit public.

Loménie de Brienne, nommé premier ministre en un moment où la question financière dominait toutes les autres, ignorait les plus élémentaires notions de finance. Il ne connaissait pas, assure-t-on, la différence des billets et des actions de la Caisse d'Escompte, dont il ne put jamais comprendre complètement l'organisation et le jeu.

Il fit aux notables, qui continuaient à siéger, des propositions qui différaient peu des projets de son prédécesseur. L'Assemblée refusa son consentement à deux édits : l'un pour l'impôt du timbre, l'autre pour une subvention territoriale de 80 millions, remplaçant l'impôt du vingtième. Elle déclara s'en rapporter à la sagesse du roi en ce qui concernait les impôts et toutes les mesures urgentes et indispensables; puis elle se sépara. Les édits furent alors présentés au Parlement, qui refusa à son tour de les enregistrer, en déclarant les Etats généraux seuls compétents en matière d'impôts. Loménie exila le Parlement à Troyes le 15 août et le rappela le 20 septembre; puis, comme l'opposition des magistrats continuait, l'archevêque de Sens, ne sachant que résoudre, essaya de la convocation d'une Assemblée du clergé, à laquelle il demanda un service pécuniaire; il n'en obtint que des refus.

II

La Cour, à qui la convocation des Etats généraux inspirait une juste frayeur, s'était enfin décidée à des économies; mais elles venaient trop tard.

La maison du roi et celle de la reine avaient été diminuées. La moitié des places du service de la chambre, de la garde-robe et de la bouche étaient supprimées. Le roi avait restreint dans la même proportion le nombre des écuyers, des pages, des chevaux et des équipages. Il avait vendu ou mis en vente ses châteaux de Choisy, La Muette, Madrid, Vincennes, Blois. Une réduction de dépenses de 6 millions avait été ainsi réalisée dans la seule année 1787.

On constata avec surprise que, cependant, la situation ne s'était pas améliorée quand Loménie publia le compte rendu des finances. Il se soldait en déficit de 160 millions, en augmentation de 45 millions sur celui de 115 millions qu'avait avoué Calonne; mais peut-être ce dernier en avait-il dissimulé une partie.

A bout d'expédients, Brienne essaya d'un emprunt forcé en faisant édicter que tout paiement devrait être fait désormais en billets sur le Trésor royal. L'édit établissait que les billets donnés en remplacement d'espèces portaient intérêt à 5 % sans retenue; ils étaient, en outre, déclarés admissibles, en capital et intérêts, aux emprunts à venir, faveur qui devait être promise bientôt aussi par le décret d'institution des assignats. C'était la banqueroute qu'il essayait en vain de cacher sous cette mesure désastreuse.

Du fonds de sa retraite, Calonne jugea le moment opportun pour publier une apologie de sa gestion : « Que l'emploi que j'ai fait des fonds pendant trois ans et demi, écrivait-il, soit comparé à celui qu'en a fait mon calomniateur (Brienne) pendant quinze mois et qu'on juge! Après avoir épuisé vainement toutes les ressources, après avoir dépensé les fonds publics et abîmé le crédit, il finit par annoncer la nécessité de payer en papier une partie de ce que le Trésor royal a toujours payé comptant et par faire banqueroute! Et c'est lui qui, vantant son administration, accusait la mienne d'avoir ruiné les finances de Votre Majesté [1]. »

Le mot de « banqueroute » n'était pas prématuré. Laurent de Villeneuil et Lambert, qui se succédèrent au contrôle, avaient si bien épuisé toutes les ressources qu'on s'était emparé de la caisse des spectacles et qu'on avait fait main basse sur les fonds d'une loterie de charité, destinée à secourir des familles de paysans dont les champs avaient été ravagés par la grêle!

Enfin Loménie de Brienne fut renvoyé et le peuple, à cette nouvelle, fit éclater une joie tumultueuse. Il brûla, sur la place

(1) Lettre au roi, 9 février 1789.

Dauphine, le mannequin du ministre congédié et, s'emparant du Pont-Neuf pendant plusieurs jours, il força les passants à saluer la statue d'Henri IV.

III

Necker fut rappelé, d'après le conseil que Brienne lui-même avait donné à Louis XVI en s'éloignant. Cette fois on lui accorda sans difficultés son entrée au Conseil.

Il y avait à peine 500.000 francs en caisse lors de son retour au ministère et il fallait trouver immédiatement plusieurs millions. Tous les produits des impôts étaient consommés par anticipation et les effets publics étaient tombés à rien. Necker se hâta de rétablir les paiements en espèces.

Son nom seul fit renaître la confiance et ramena un peu d'argent dans le Trésor vide; mais il était trop tard pour relever les finances : « Que ne m'a-t-on donné les vingt-deux mois de Brienne? » disait Necker. Pendant ce second ministère, il ne chercha plus, comme il l'avait fait précédemment, à opérer des réformes.

Il considérait qu'il fallait en laisser le soin aux Etats généraux, qui étaient convoqués pour le 1er mai 1789, et se borna en attendant à trouver des ressources pour subsister jusqu'à cette date : « Ce fut, a-t-il dit lui-même, en louvoyant, en usant de tous les ménagements, de toutes les ressources circonscrites dans ce petit cercle que je parvins à conduire sans brisure et sans échouement le frêle vaisseau de l'Etat jusqu'à l'ouverture des Etats généraux. Tous ces soins, toutes ces peines ne laissent aucune trace. »

« Il fallait au moins fournir à la dépense publique, dit l'abbé de Montesquiou dans son rapport récapitulatif à la fin de l'Assemblée Constituante, payer les rentiers, et s'occuper des achats de subsistance. M. Necker, à force de crédit personnel et d'économie, parvint à remplir cette tâche pénible. 25 millions, empruntés pour un an à la Caisse d'Escompte; de petits emprunts faits aux notaires, aux Etats du Languedoc, de Bretagne et d'Artois, quelques retards dans le paiement des rentes, lui firent atteindre le 1er mai 1789, et, à ce grand jour de l'ouverture des Etats généraux, 58 millions étaient au Trésor public (1). »

Déjà les Etats généraux s'étaient transformés en une Assemblée Constituante quand, le 11 juillet, Necker fut renvoyé brusquement pour céder la place à un ministre réactionnaire constitué en secret.

Trois jours plus tard, le peuple prenait la Bastille, et Louis XVI, effrayé, rappelait Necker.

Celui-ci venait d'arriver à Bâle, d'où il s'apprêtait à gagner sa propriété de Coppet, quand il fut redemandé à Paris par une lettre du roi. Son voyage de retour fut un triomphe. Des paysannes se mettaient à genoux sur le passage de sa voiture.

Le successeur de Necker au contrôle général, pendant sa courte absence, avait été Foulon, ministre d'Etat et intendant des finances. On racontait de lui qu'il avait dit, pendant la famine : « Si cette canaille n'a pas de pain, qu'elle mange du foin! » Le choix de cet homme, depuis longtemps impopulaire, excita une vive irritation. Etant tombé entre les mains du peuple peu de jours après la prise de la Bastille, il fut pendu à une lanterne dans la rue de la Verrerie, et sa tête fut portée en triomphe avec une poignée de foin dans la bouche. Le même jour, 22 juillet, son gendre, Berthier de Sauvigny, intendant de Paris, arrêté à Compiègne dans sa fuite et ramené à Paris, y était massacré sur les marches de l'Hôtel de Ville.

(1) Rapport du 8 novembre 1791.

CHAPITRE V

Necker et l'Assemblée constituante

I. L'inexpérience de l'Assemblée. — II. Les emprunts non couverts et les contributions patriotiques. — III. La Banque d'Escompte. — IV. Le papier-monnaie.

I

Les Etats généraux, devenus l'Assemblée Constituante, comptaient peu de financiers parmi leurs membres, qui étaient pour la plupart des avocats, des gens de lettres et des propriétaires [1]. « Nous ne pouvons nous dissimuler, disait Mirabeau, dans la séance du 27 août 1789, que nos connaissances en finances sont bornées. Cette Assemblée n'est composée que de cultivateurs, de magistrats; s'il y a parmi nous des hommes de finances, le nombre en est très borné. »

L'Assemblée, sans être fixée sur les voies et moyens, savait seulement qu'elle voulait faire nouveau et grand. Le plan que lui exposa Necker pour remédier au déficit n'était que pratique; il ne répondit pas à son attente.

Le ministre arrivait, par une série de menus gains et de menues économies, à combler le vide du Trésor; il gagnait

(1) Les 578 députés du Tiers-Etat comprenaient 12 nobles, 2 ecclésiastiques, 18 magistrats de villes, 212 avocats, 16 médecins, 216 cultivateurs ou marchands, 102 fonctionnaires ou membres des tribunaux inférieurs.

quelques millions sur le bail des fermes générales, quelques millions encore sur la ferme des postes et sur la régie des aides, quelques autres millions sur la suppression des abonnements au moyen desquels plusieurs provinces se libéraient d'une partie des droits d'aides.

« Quel pays, Messieurs, s'écriait-il en terminant son exposé, que celui où, sans impôts et avec de simples objets inaperçus, on peut faire disparaître un déficit qui a fait tant de bruit en Europe. »

L'enthousiasme de Necker ne fut pas partagé par l'Assemblée. Ses combinaisons lui parurent mesquines et elle ne donna aucune suite à ses propositions : « Si M. Necker, a dit Mirabeau, eût eu l'ombre de talent et des intentions perverses, il avait, sous huit jours, 60 millions d'impôts, 150 millions d'emprunts et le neuvième jour nous étions dissous. »

II

L'Assemblée, tout en ne voulant pas des plans de Necker, n'en avait pas d'autres à mettre à la place et la situation appelait de prompts remèdes. Le peuple ne payait plus les impôts, qu'il considérait comme virtuellement condamnés. Les affaires étaient arrêtées; l'industrie et le commerce paralysés. Le chômage et la famine sévissaient à Paris et dans les provinces. Il fallait faire des achats de blé à l'étranger pour le distribuer aux indigents, et l'on avait dû organiser autour de Paris des ateliers pour les ouvriers sans ouvrage. 1.200 hommes y étaient payés un franc par jour à ne rien faire.

Necker proposa alors un emprunt de 30 millions à 5 %, pour lequel il avait des prêteurs. L'Assemblée en trouva le taux trop élevé et, malgré les représentations du ministre, elle le réduisit à 4 1/2 %. Les prêteurs se retirèrent et Necker, quinze jours plus tard, revint déclarer que l'emprunt n'avait encore réuni que 2 millions et demi et qu'il fallait le fermer pour en ouvrir un autre en 5 % de 80 millions, dont moitié payable en effets publics. Cette fois l'Assemblée se rendit à ses raisons, mais il était trop tard. La confiance était perdue.

Le 20 septembre, Necker vint donner à l'Assemblée des nouvelles de l'emprunt : « On s'y est intéressé lentement et faiblement », disait-il. Le ministre conseilla de renoncer momentanément aux emprunts, estimant qu'un nouvel appel au crédit n'aurait pu avoir aucune chance de succès, dans quelques conditions que ce fût : « Ce serait harceler inutilement et maladroitement la confiance », déclara-t-il.

En conséquence, Necker proposa une contribution patriotique du quart du revenu de chaque citoyen, basée sur une déclaration volontaire; la mesure fut soutenue par Mirabeau, qui s'écria : « La banqueroute, la hideuse banqueroute est là; elle menace de consumer vous, vos propriétés, vos familles, votre honneur, et vous délibérez !... »

L'Assemblée vota la contribution du quart; mais Necker était forcé d'avouer, le 17 décembre, que « les ressources qui pouvaient en résulter se déplaçaient lentement. » « Les déclarations de Paris ne se montent encore qu'à 8 millions, disait-il. L'incertitude qui règne dans presque toutes les familles sert tantôt d'obstacle et tantôt de prétexte à des retardements. »

Plus tard, il est vrai, Necker disait que les déclarations pour Paris se montaient à 40 millions; mais on ne sait dans quelle proportion ces sommes ont pu être recouvrées au milieu de la tourmente politique.

En même temps s'ouvrit une souscription spontanée sous le nom de dons patriotiques. Les femmes apportèrent leurs bijoux sur le bureau de l'Assemblée et les hommes les boucles de leurs souliers (1).

Le spectacle fut touchant, mais le résultat pratique assez médiocre. Le 7 mars 1790, Dupont de Bigorre constatait que l'on avait reçu ainsi, en dons patriotiques, « 1.041.170 livres d'argent, auxquelles il fallait ajouter les coupons, les objets divers, les bijoux, l'argenterie, les effets et les offres illusoires telles que celles de rendre gratuitement la justice pendant un an, qu'on pouvait évaluer en bloc à 6 millions. » « On est frappé, dit un rapport de l'Assemblée, du 7 mars 1790, de la grandeur des besoins de l'Etat et du peu de secours que peut offrir la faible ressource des dons patriotiques, » sans compter que toutes les boucles, couverts, huiliers, cuillères à café, pincettes à sucre, etc., qu'on porta sur l'autel de la patrie, ne formaient pas ensemble, dit Saint-Aubin, « la centième partie des contributions qu'on se crut dispensé d'acquitter. »

Il fut décidé aussi que la vaisselle d'argent serait portée à la Monnaie et reçue à raison de 54 francs le marc payé et de 58 francs pour être placé dans le précédent emprunt.

III

Au début du règne de Louis XVI, le banquier genevois Penchaud avait obtenu un arrêt du Conseil d'Etat autorisant

(1) Les *Actes des Apôtres*, journal réactionnaire du temps, se moquaient dans de petits vers des dons civiques :

« Amis, notre auguste assemblée
Pour assurer notre destin
A décrété presque d'emblée
De se chausser en capucin.
Les suppléants à son exemple
Ont aussi pour leur contingent
Offert trente boucles d'argent.
Paris étonné les contemple
Et dit : « Voilà des hommes d'or,
Des citoyens et plus encore...
Qu'elle est heureuse ma patrie!... »

la fondation d'une société en commandite appelée Caisse d'Escompte [1]. La société était au capital de 15 millions, versés en une seule fois, et divisés en 5 000 actions de 3.000 livres chacune.

Calonne avait fait de nombreux emprunts à la Caisse d'Escompte, au point que le crédit de la société en était ébranlé [2].

Necker avait déjà emprunté 25 millions à la Caisse d'Escompte avant la réunion des Etats généraux; il lui avait de nouveau demandé 60 millions garantis par les délégations sur la contribution patriotique. Necker proposa cependant à l'Assemblée de faire à la Caisse d'Escompte un nouvel emprunt en lui attribuant le titre de Banque nationale, moyennant un prêt de 170 millions. Ses billets auraient eu la garantie de l'Etat avec cours forcé.

Une partie seulement de ces propositions furent acceptées. L'Assemblée ne donna pas le titre de Banque nationale à la Banque d'Escompte et elle n'emprunta que 80 millions; mais 160 millions de la Caisse d'Escompte eurent cours forcé.

IV

Le 6 mars 1790, Necker annonça à l'Assemblée que le déficit prévu pour les six mois suivants pouvait être évalué à 294 millions, et l'Assemblée créa pour 400 millions de papier-monnaie qui furent en concurrence avec les billets de la Caisse d'Escompte.

Les biens ecclésiastiques avaient été placés sous la main de la nation par décret du 2 novembre 1789 et déclarés biens nationaux. C'est sur eux que furent *assignés* les 400 millions d'assi-

(1) On avait évité d'employer le mot « Banque » dans la raison sociale pour ne pas réveiller les souvenirs de la banque de Law.

(2) En 1784, les femmes portaient des chapeaux sans fond qu'on appelait des chapeaux à la Caisse d'Escompte.

gnats. Déjà on avait donné à la Caisse d'Escompte une assignation de 170 millions sur ces biens.

Bailly, maire de Paris, présenta, le 19 mars, un projet pour la vente des biens nationaux. La commune de Paris offrait d'en acheter pour 150 ou 200 millions, en échelonnant les termes de paiement; elle devait se procurer de l'argent en émettant des obligations hypothécaires avec un intérêt fixe, un remboursement à long terme, des primes et des lots. La proposition fut votée.

Le 25 juillet, Necker revint déclarer à l'Assemblée que la diminution progressive des revenus publics bouleversait tous les chiffres de ses prévisions. Des 400 millions d'assignats votés, 330 étaient déjà dépensés.

Le 27 août, le Comité des finances proposa de rembourser en assignats la plus grande partie de la dette exigible ou de la dette flottante, qui s'était grossie démesurément, car on y avait ajouté les anciennes dettes du clergé, mises au compte de l'Etat, le remboursement des offices de judicature et de finance, dont la vénalité était supprimée, celui des charges militaires, celui des charges de la maison du roi et celui des dîmes inféodées.

Lebrun, bien que membre du Comité des finances, protesta contre le projet : « Tout, dans le Gouvernement se changera en papier, dit-il. Est-ce avec du papier qu'on paiera les employés, qu'on paiera l'armée? Est-ce avec du papier que vous mettrez en mer les vaisseaux qui attendent leur armement? » « L'émission du papier-monnaie, dit de son côté l'abbé Maury, serait un désastre public. On me dit : Vous ne voulez pas d'assignats, que mettrez-vous à la place? Que voulez-vous que je mette à la place de cette bête féroce qui va tout dévorer [1]. »

(1) Dupont de Nemours voulait que les assignats fussent limités aux besoins les plus urgents : « Il y avait, dit-il, il y a dix ans, dans les États-Unis d'Amérique, un papier hypothéqué comme celui qu'on vous propose, sur l'honneur et la loyauté de la répu-

Mirabeau, au contraire, proposa la mise en vente de tous les domaines nationaux et d'accepter en paiement les assignats, qui seraient brûlés au fur et à mesure de leur rentrée.

Necker protesta que, si les besoins du moment exigeaient une nouvelle émission d'assignats, il fallait du moins la limiter au strict nécessaire; mais Mirabeau fit envisager l'intérêt politique : « Partout, dit-il, où se placera un assignat-monnaie, là sûrement reposera avec lui un vœu secret pour le crédit des assignats, un désir de leur solidité; partout où quelque partie de ce gage public sera répandue, là se trouveront des hommes qui voudront que la conversion de ce gage efficace, que les assignats soient échangés contre des biens nationaux, et comme, enfin, le sort de la Constitution tient à la sûreté de cette ressource, partout où se trouvera un porteur d'assignats vous compterez un défenseur nécessaire de vos mesures, un créancier intéressé à vos succès. »

Mirabeau entraîna l'Assemblée, qui vota l'émission de 800 millions d'assignats forcés et sans intérêts.

blique entière et sur une masse énorme de biens-fonds, soutenue de même par des discours éloquents, par des décrets impérieux et par l'importance du salut de l'État. Eh bien, malgré tout ce qu'ont fait les Congrès, Washington et Franklin, une paire de bottes se vendait en papier 36.000 livres, et un souper pour quatre personnes, qu'on aurait payé dix écus, a coûté 50,000 écus en papier-monnaie. » Mirabeau avait raison de dire : « J'aimerais cent fois mieux avoir une hypothèque sur un jardin que sur un royaume »

CHAPITRE VI

Les Assignats

I. Le Comité de trésorerie. — II. Le déficit. — III. Cambon. — IV. Les assignats à face royale. — V. La suppression des Compagnies de finance et le Grand-Livre. — VI. Chute des assignats.

I

Le 4 septembre, Necker avait donné sa démission, qui fut accueillie avec la plus grande indifférence par l'Assemblée (1), et avait été remplacé par Lambert, qui était sous lui contrôleur général, et prit le titre de ministre des contributions. Peu après Lambert eut pour successeur à ce poste Valdec de Lessart; mais bientôt le ministère des finances disparut devant l'institution de la trésorerie nationale, qui en recueillit presque toutes les attributions sous la surveillance du Comité des finances de l'Assemblée Constituante. Le ministère des contributions, confié à Tarbé, ancien commis des finances en mai 1791, n'était plus formé que de l'unique service de la perception des impôts.

Le Comité de trésorerie fut composé de six membres, à la nomination du roi, et placés sous la surveillance de trois députés

(1) En retournant en Suisse, il n'avait repris que 400,000 francs d'un prêt de fonds de 2,400,000 francs qu'il avait fait au trésor public pour acheter du blé pendant la disette, laissant ainsi 2 millions et sa maison de Paris pour répondre des comptes de sa gestion. Le reliquat de 2 millions ne fut payé que sous la Restauration à la fille de Necker, Mme de Staël.

qui avaient le droit de compulser les registres, de vérifier les comptes et de convoquer, le cas échéant, les commissaires par une délégation spéciale. Il ne ressortissait à aucun département ministériel et était présidé à tour de rôle, pendant un mois, par chacun des commissaires.

Les deniers, une fois versés par les percepteurs dans les caisses des receveurs de district, y étaient exclusivement à la disposition du Comité, qui devait pourvoir à toutes les dépenses générales dans toute l'étendue du territoire national. Les districts, au nombre de 544, avaient chacun un receveur qui envoyait directement à Paris le produit de ses recettes.

Les attributions de la trésorerie se bornaient au service ordinaire et courant. Pour les créances exigibles et arriérées, c'était la caisse de l'extraordinaire, fondée lors de la première aliénation des biens nationaux, qui était chargée d'y pourvoir.

Elle devait se composer du produit des ventes de domaines, de la contribution patriotique et autres recettes extraordinaires; mais on ne tarda pas à y avoir recours pour les besoins journaliers.

L'état des dépenses et des moyens de l'an 1792, rédigé par Laffon-Ladebat, s'élevait à 1.200.000.000 livres.

Pendant ce temps le rendement des impôts continuait à diminuer dans des proportions effrayantes, par suite de l'incertitude de la situation politique. Pour 1790, le déficit de l'année entière avait été évalué à 294 millions par le ministère des finances. « Ses espérances, ses calculs ont été trompés au delà de tout ce que nous pouvions craindre, disait Lebrun en octobre de la même année. » Le dernier trimestre à lui seul donnait en effet un déficit de 132.780.000 livres.

II

En mars 1792, Tarbé, ministre des contributions, fut mis en accusation (1). Il fut remplacé par le genevois Clavière (2), qui avait été ami de Mirabeau et qui l'était devenu de Brissot. Il était porté au pouvoir par le parti des Girondins, alors prépondérant.

Bientôt renvoyé par le roi avec ses collègues Roland et Servan, Clavière fut remplacé par Beaulieu, qui resta en fonctions six semaines, et auquel succéda Leroux de Laville, qui n'y fut que dix jours, pendant les moments d'agitation et d'anxiété qui précédèrent le 10 août et la chute de la Monarchie.

A la proclamation de la République, Clavière fut chargé par l'Assemblée de reformer un ministère sous la dénomination de Conseil exécutif.

Le 21 septembre suivant, l'Assemblée législative, qui s'était condamnée elle-même à disparaître, faisait place à la Convention.

Elle avait émis pour sa part 900 millions d'assignats et le papier-monnaie, à cette date, perdait le quart de son taux normal.

Cambon, chef d'une maison de commerce de Montpellier, et qui prit une grande influence sur ses collègues en matière finan-

(1) Tarbé, né à Sens en 1753, mort en 1806, avait été avocat et premier commis des finances sous Necker et Calonne. Il a réorganisé le service du ministère et établi l'administration telle qu'elle existe encore à peu près de nos jours. Après sa chute du ministère, il dut rester caché jusqu'au 9 Thermidor. Un de ses frères, André Tarbé des Sablons, a donné en 1799 un *Manuel pratique des poids et mesures* qui contribua beaucoup à populariser le système métrique.

(2) Etienne Clavière, né à Genève en 1735, fut d'abord banquier. Venu à Paris à la suite des discordes civiles de sa patrie, il écrivit dans les journaux, se lia avec Mirabeau et se lança dans la politique. Après le 10 août, il devint membre du Conseil exécutif ; mais fut bientôt arrêté avec les Girondins sur la dénonciation de Robespierre qui disait de lui : « Partout où il a respiré, Clavière a conspiré. » Pour se soustraire à l'échafaud, il se donna lui-même la mort.

cière, professait des doctrines d'une audace toute révolutionnaire. Il exhortait l'Assemblée à en faire largement usage : « Ne nous dissimulons pas, citoyens, disait-il, que, sans cette ressource, nous serions esclaves. Il faut avoir recours à nos assignats et toujours à nos assignats. » (1er février 1793.)

Il avait été décidé que les assignats, non seulement n'excéderaient pas la valeur des biens nationaux, mais encore ne pourraient être dans la circulation en somme totale au-dessus de 1.200.000, chiffre atteint par la seconde émission. Quand elle se sépara, le 30 septembre 1791, l'Assemblée l'avait dépassé de 600 millions.

Les assignats se maintinrent au pair pendant six mois ou un an. En 1791, ils étaient encore à 91 % de la valeur du métal; mais, à l'ouverture de l'Assemblée Législative, au 1er octobre 1791, ils n'étaient plus qu'à 82 %.

D'abord les émissions étaient votées par la Convention en séance publique; puis bientôt les Comités de finances et de Salut public les décrétèrent seuls.

Les ouvriers qui les imprimaient étaient au nombre de quatre cents et travaillaient depuis six heures du matin jusqu'à huit heures du soir sans jamais se reposer. Aussi Bourdon, de l'Oise, remarqua-t-il avec raison à la Convention que la dépréciation des assignats n'était pas en rapport avec l'augmentation de leur nombre. Ils valaient encore, au début de 1793, la moitié du montant de leur libellé.

Des peines sévères étaient portées, il est vrai, contre tous ceux qui discréditeraient les assignats en actes ou en paroles.

Le 3 septembre la mort était édictée contre quiconque était convaincu « d'avoir donné ou reçu les assignats à une perte quelconque (1). »

(1) On reprocha au notaire Jean Jargoufflet, de Moulins, devant le Tribunal Révolutionnaire, son dédain pour les assignats, lors du partage des effets délaissés par Claude Pesoux : « Vous n'avez pas partagé les 3,090 livres en assignats ; vous n'avez donc aucune confiance en eux ? » lui dit-on.

Mais les décrets de la Convention ne purent prévaloir longtemps contre les lois économiques. Le Comité de trésorerie lui-même, obligé d'envoyer du numéraire aux armées, hors des frontières, l'achetait aux agioteurs en supportant sur ses assignats la perte du cours. En juin 1793, un franc d'argent coûtait 3 francs d'assignats ; au mois d'août suivant, il en valait six.

Les décrets de la Convention, obligeant les marchands à accepter indifféremment le papier ou le numéraire, ceux-ci prirent le parti de hausser leurs prix au cours des assignats. La Convention fit alors la loi du maximum (août 1793). Elle ne s'appliquait d'abord qu'aux grains; mais on dut l'étendre bientôt à d'autres objets : pain, vin, viande, farine, légumes, fruits, chocolats, bois, beurre, étoupe, lin, sel, peaux, boissons et toutes les étoffes, sauf celles de soie.

Les marchands fermèrent boutique et les cultivateurs désertèrent les champs. On eut recours aux visites domiciliaires et aux corvées de travail ; mais aucune mesure ne put empêcher le renchérissement de la vie dans des proportions considérables. On parvint cependant, par des achats de blé, à maintenir toujours le prix du pain commun à trois sous la livre. On put craindre que la viande ne vînt à manquer. L'ancien boucher Legendre proposa un carême civique pour la ménager.

IV

Dans le nombre de milliards d'assignats émis depuis les débuts de la Révolution, ceux qui avaient été fabriqués sous les Assemblées Constituante et Législative faisaient prime.

Emis avant la proclamation de la République, ils portaient l'effigie de Louis XVI et les agioteurs se disaient que si une restauration avait lieu, ils seraient payés par la Monarchie, qui considérerait devoir faire honneur à sa signature. Chabot, pour empêcher cette préférence, proposa de démonétiser ces assignats : « Les assignats à face du tyran, dit-il à la Convention, gagnent 10 % chez ces messieurs de Lyon, de Bordeaux, de Marseille et de Paris. Je viens vous proposer de les punir par le même endroit qu'ils ont péché envers la République. »

Cambon approuva l'idée en demandant toutefois que les assignats à face royale fussent admis au paiement des contributions et biens nationaux, et Danton fit restreindre cette mesure aux assignats d'une valeur supérieure à 100 livres. La démonétisation n'en porta pas moins sur 558 millions.

V

Deux autres mesures furent prises en même temps, qui eurent pour effet de relever pendant quelque temps le cours des assignats : la suppression des associations financières et l'unification de la dette publique.

Déjà, le 17 juin 1793, Cambon avait fait supprimer la Bourse. Sur sa proposition, le 24 août 1793, le décret suivant fut rendu : « Les associations dont le fonds capital repose sur des actions au porteur ou sur des effets négociables, ou sur des inscriptions sur un livre, transmissibles à volonté, sont supprimées. »

Il fut ordonné que la Caisse d'assurances et la Compagnie des Indes seraient liquidées à bref délai. La Caisse d'Escompte elle-même, bien que créancière de la République, ne fut pas épargnée.

Cambon espérait ainsi favoriser un emprunt civique d'un milliard « sur les riches et les indifférents. » Il se disait que les sociétés financières n'existant plus pour lui faire concurrence, désormais, en l'absence de tout autre placement possible en

France, on serait obligé de recourir à son emprunt. Quant aux placements à l'étranger, tout Français convaincu d'en avoir fait fut déclaré traître à la patrie, ce qui rendait passible du Tribunal Révolutionnaire.

Réal répartit les revenus en trois catégories : les nécessaires, les abondants et les superflus. Les revenus nécessaires étaient, selon lui, ceux qui ne dépassaient pas 3.000 francs pour les hommes mariés et les pères de famille et 1.500 francs pour les célibataires ou les veufs sans enfants. Les revenus supérieurs à 3.000 francs, dits abondants, étaient frappés d'une manière progressive jusqu'au maximum de 20.000 francs pour les gens mariés ou les pères de famille et 10.000 francs pour les célibataires ou veufs assimilés.

La Convention adopta le projet de Réal, mais en revisant les chiffres, qu'elle releva d'abord pour les abaisser ensuite. Par décret du 22 juin 1793, le revenu nécessaire était porté à 6.000 francs et à 3.000 francs pour les pères de famille et les célibataires; puis, par décret du 3 septembre suivant, le maximum de revenus reconnu nécessaire pour les célibataires fut descendu à 1.000 francs et pour les pères de famille à 1.500 francs, plus 1.cco francs pour la femme et 1.000 francs par enfant.

Dans une vue politique analogue à la démonétisation des assignats à face royale, Cambon confondit toutes les dettes anciennes et nouvelles en les inscrivant ensemble sur un grand-livre, sans tenir compte de leur origine ni de leurs circonstances, pour une rente uniforme de 5 % dont le capital ne serait jamais exigible.

Il exposa en ces termes à la Convention le but qu'il poursuivait : « Ceux qui espèrent la contre-révolution disent : Gardons soigneusement les titres de Louis XIII, de Louis XIV, de Louis XV et Louis XVI, des ci-devant Etats généraux, du défunt clergé, des parlements, des cours des aides et de toutes autres corporations supprimées, parce que tous ces établissements si chers à nos cœurs peuvent ressusciter, et nous espérons qu'ils ressusciteront. Alors, en nous présentant à nos seigneurs, nous dirons : Nous avons conservé les anciens titres que vous avez souscrits, nous n'avons voulu reconnaître pour nos débiteurs que le clergé, la noblesse ou le roi. Vous devez nous favoriser. Ruinez tous ceux qui, ayant cru à la République, ont obéi à ses prétendues lois : la dette sera diminuée d'autant et notre créance sera plus assurée. » « C'est à ces idées chimériques, continua Cambon, que s'alimente la superstition monarchique. Détruisons donc tout ce qui peut lui servir d'aliment! Que l'inscription sur le Grand-Livre soit le tombeau des anciens contrats! Que la dette contractée par le Despotisme ne puisse plus être distinguée de celle qui a été contractée depuis la Révolution! Je défie monseigneur le Despotisme, s'il ressuscite, de reconnaître son ancienne dette lorsqu'elle sera confondue avec la nouvelle. Cette opération faite, vous verrez le capitaliste qui désire un roi, parce qu'il a un roi pour débiteur, désirer la République, qui sera devenue sa débitrice, parce qu'il craindra de perdre son capital en la perdant. » « Lorsqu'une nation se régénère, concluait Cambon, il faut renouveler tout ce qui existe; républicanisons la dette, nous le répétons, et tous les créanciers de la nation seront républicains. »

Le projet fut voté le 24 août 1793, et Cambon, pour mieux assurer l'effet politique qu'il avait en vue, fit ordonner que les titres et indications qui y étaient relatifs seraient rapportés de chez les notaires et autres officiers publics. Il fut défendu à ceux-ci d'en donner copie, sous peine de dix ans de fer.

Un impôt de 20 %, équivalent à l'impôt foncier, était institué en même temps sur la rente. Payés en assignats, dont la valeur diminuait chaque jour, les rentiers se voyaient encore retenir un certain nombre de ces assignats par trimestre, à titre de principal de la contribution foncière. Les transferts étaient en outre assujettis à un droit de 2/5es de l'inscription.

Par contre l'Etat, dispensé désormais des remboursements à époques fixes, n'avait plus qu'à payer une somme annuelle de 200 millions que l'impôt sur la rente réduisait de 40 millions.

VI

Les assignats, relevés pendant deux mois par l'énergique effort de Cambon, reprirent bientôt, pour ne plus s'arrêter, leur mouvement de descente.

Au commencement de 1794 on avait imprimé près de 8 millions d'assignats; mais les destructions après rentrée les réduisaient au chiffre de 5 milliards 536 millions. Ils se maintinrent au tiers de leur valeur nominale jusqu'au 9 thermidor [1].

A diverses reprises, la Convention s'était occupée de diminuer la masse de papier qui excédait trop manifestement le montant des biens nationaux. Cambon suggéra l'idée d'une loterie de 4 milliards, destinée à retirer de la circulation pareille somme d'assignats; Thibault proposa un emprunt en tontine; Lanthenas des caisses d'économie, à la fois caisses d'épargne et caisses d'assurances sur la vie; Venier un impôt extraordinaire dont le produit serait exclusivement affecté à cet objet; Lozeau une prime aux acquéreurs de biens nationaux qui se libéreraient par anticipation ; Balland une banque nationale chargée d'échanger les assignats contre les reconnaissances

(1) Les comptes des repas fournis au Comité de Salut public par le restaurateur Méot nous apprennent que le 1er messidor an III, un turbot ne se vendait encore que 230 livres, un aloyau 220 livres, une dinde à la gelée 150 livres ; le 1er fructidor an III un pâté froid figurait sur la note pour 250 livres, un dindon pour 100 livres ; une poularde pour 100 livres.

nationales portant intérêt à 5 %, transmissibles par voie d'endossement et remboursables à vue. Mais on ne s'arrêta à aucun de ces projets et la quantité de papier-monnaie continua à s'augmenter.

Les assignats se déprécièrent de plus en plus lors de la réaction thermidorienne, quand la crainte n'empêcha plus les opinions de se manifester. 29 milliards avaient été émis, sur lesquels 19 avaient cours encore, dépassant de plus des deux tiers le prix réel des biens nationaux. Le louis d'or de 24 livres se vendait 160 livres en assignats vers le milieu de 1795. En novembre de la même année, le papier-monnaie tombait au cent soixantième de sa valeur nominale.

———×———

CHAPITRE VII

Le procès des fermiers généraux

I. Impopularité des fermiers généraux. — II. Suppression de la ferme. III. Le jugement des fermiers. — IV. Leur mémoire réhabilitée.

I

Avant d'aborder l'histoire financière du Directoire, il convient que nous revenions en arrière pour raconter un des plus sombres épisodes de la Terreur.

Nous avons dit que Necker, dans un premier exposé de la situation à l'Assemblée Constituante, proposait un remaniement du bail des fermes en cours qui devait procurer une somme de 18 millions de plus qu'en 1788; mais les cahiers du Tiers-Etat réclamaient la suppression de la ferme et elle était résolue dans l'esprit de l'Assemblée.

Dès le mois de mai 1789 la ferme avait cessé virtuellement d'exister. Les bureaux des droits d'aides et de traites avaient été pillés dans toute la France, les registres dispersés et les perceptions arrêtées.

La Compagnie était impopulaire à Paris surtout, et le plus illustre de ses membres, Lavoisier, était violemment attaqué pour avoir présidé à la construction du mur d'enceinte de Paris, destiné à empêcher les fraudes à l'octroi.

Marat écrivait dans son journal : « Je vous dénonce le coriphée des charlatans, sieur Lavoisier [1], fils d'un grippe-sol, apprentif chimiste, élève de l'agioteur genevois, fermier général, régisseur des pondres et salpêtres, administrateur de la Caisse d'Escompte, secrétaire du roi, membre de l'Académie des sciences.

» Croiriez-vous que ce petit monsieur qui jouit de 40.000 livres de rente et qui n'a d'autre titre à la reconnaissance publique que d'avoir mis Paris dans une prison, de lui avoir intercepté la circulation par une muraille qui coûte 33 millions au pauvre peuple et d'avoir transporté les poudres de l'arsenal dans la Bastille la nuit du 12 au 13 juillet, cabale comme un démon pour être élu administrateur du département de Paris... Plût au ciel qu'il eût été lanterné le 6 août ! Les électeurs du district de la Culture n'auraient pas à rougir de l'avoir nommé. »

En même temps le personnel des commis aux barrières de Paris, mécontent d'un refus d'augmentation de traitement que les conjonctures ne permettaient pas de leur accorder, répandit contre ses chefs un virulent mémoire, dont l'auteur, un agent révoqué pour vols, déclarait que si l'on voulait bien examiner les comptes des fermiers généraux, on ferait rentrer des millions au Trésor royal.

La ferme avait achevé de s'aliéner l'opinion par une réforme qu'elle venait d'introduire dans la vente du tabac. Elle livrait autrefois le tabac en carotte que le priseur râpait lui-même ; puis les marchands se mirent à en vendre de tout râpé. Ils y trouvaient leur avantage, pouvant ainsi vendre du tabac de contrebande; mais la ferme n'avait pas tardé à voir diminuer sa recette dans des proportions effrayantes. En une seule année,

(1) Sa famille était originaire de Villers-Cotterêts. Un de ses ancêtres était postillon, chevaucheur des écuries du roi. Lavoisier avait d'abord été administrateur des fermes du Clermontier, en Argonne.

le déficit avait été de 12 millions sur le rendement de l'année précédente. On prit le parti d'interdire le râpage aux débitants et d'en réserver le monopole aux manufactures des fermes. Les marchands de tabac et les ouvriers qu'ils employaient au râpage protestèrent vivement et répandirent le bruit que la ferme exagérait la sauce du tabac, c'est-à-dire qu'elle le mouillait plus qu'il n'était nécessaire afin d'en augmenter le poids. Ce fut le principal reproche qu'on fit aux fermiers généraux dans leur procès.

II

La gabelle n'existait plus de fait depuis 1789, et l'on vendait le sel ostensiblement dans les rues; mais l'Assemblée Nationale ne la supprima officiellement que le 1er décembre 1790. Le 20 mars 1791 enfin fut résilié le bail des fermiers généraux, et l'Etat, à qui fut attribuée la perception directe de l'impôt, entra en possession de tout le matériel de la ferme.

Le décret devait avoir un effet rétroactif jusqu'au 1er juillet 1789 et portait que toutes les opérations de la ferme depuis cette époque seraient considérées comme faites au nom de la nation.

Une Commission de six anciens fermiers fut chargée de la reddition des comptes et de la liquidation, qu'on leur demandait d'achever pour le 1er juillet 1792; mais, ce travail n'ayant pu être terminé à cette date, la Convention voulut bien accorder à la Commission un délai de quelques mois encore. Clavière justifia le retard dans un rapport où il rendait hommage à la loyauté et au zèle des commissaires, mais le public ne se rendait pas compte de l'énormité de la besogne que comportait une telle liquidation; il accusait les commissaires de la traîner volontairement en longueur et il ajoutait foi aux bruits d'après lesquels les fermiers généraux étaient détenteurs d'une fortune de 300 à 400 millions, acquise par la rapine (1).

Le 26 février 1793, Carra demanda l'apposition des scellés sur les papiers de la Compagnie et la mise sous séquestre des fonds de caisse. Un décret fut rendu dans ce sens et, le lendemain, une somme de 20 millions en assignats et de 9 millions en numéraire fut transportée au Trésor.

Deux mois plus tard un autre décret ordonnait la mise sous scellés des papiers particuliers des membres de diverses Compagnies financières et, notamment, des anciens fermiers généraux; mais, sur la proposition du Comité des finances, les scellés furent levés le 24 septembre et la Commission fut autorisée à reprendre son travail, qu'elle promit d'achever pour le 1er avril 1794.

Pendant ce temps les anciens employés de la ferme continuaient à répandre contre les fermiers généraux des accusations de toutes sortes. Ils prouvaient que le plus pauvre de la Compagnie possédait plus de 10 millions et que c'étaient les fermiers généraux qui soudoyaient l'armée de Condé. Le député Antoine Dupin, se faisant dans l'Assemblée l'écho de ces imputations, réclama et obtint la nomination d'une Commission extra-parlementaire chargée de rechercher les abus commis par les fermiers généraux.

Enfin, le 14 novembre 1793, un député ayant apporté un projet de décret relatif aux comptes des Compagnies de finances, Bourdon, de l'Oise, s'écria : « Voilà la centième fois que l'on parle des comptes des fermiers généraux. Je demande que ces sangsues publiques soient arrêtées et que, si leurs comptes ne

(1) Le comte Mollien, qui avait été attaché à la ferme, dit que la Compagnie avait perdu 80 millions dans la banqueroute publique, et que les fermiers généraux auraient pu à peine à eux tous, en faisant argent de leurs maisons et de leurs terres, réunir 22 millions. *Mémoires*.

sont pas rendus dans un mois, la Convention les livre au glaive des lois! » Et, sur-le-champ, il fut décidé que tous ceux qui avaient signé les baux de David, de Salzard et de Mayer seraient mis en état d'arrestation.

Le soir même, dix-neuf fermiers généraux et plusieurs receveurs des finances étaient écroués à l'ancien couvent de Port-Royal. Ils demandèrent à pouvoir se rendre à l'hôtel des Fermes, où étaient les documents nécessaires à la reddition de leurs comptes. La Convention voulut bien déférer à ce vœu et les fermiers généraux furent transportés à l'hôtel de la Ferme qu'on avait aménagé en prison pour les recevoir.

III

Le 27 janvier 1794 les fermiers avaient enfin terminé leurs comptes. Lavoisier fut chargé de réfuter les allégations de la Commission extra-parlementaire; il rédigea un mémoire où il ne laissait « aucune objection sans réponse, aucun calcul sans justification, aucune justification sans preuve [1]. »

Mais le conventionnel Dupin avait résolu la perte des fermiers généraux. C'était un ancien commis des fermes qui, lui aussi, leur gardait une vieille haine. Il dressa contre eux un acte d'accusation qui les envoya au Tribunal révolutionnaire; il leur reprochait d'avoir perçu des intérêts de 10 et de 6 % pendant le bail de Laurent David; il relevait des abus dans la vente du tabac râpé, contestait la légitimité des indemnités perçues lors de la distraction des traites de 1782; constatait des étrennes abusives et des spéculations illicites sur les fonds provenant de la perception des taxes, accusations dont ils furent

(1) Mollien.

plus tard justifiés par Antoine Roy (1). Il fut établi par l'arrêt de quitus, du 1er mai 1806, que l'Etat, lors de la Révolution, devait 8 millions aux fermiers généraux; mais la Convention n'en avait pas moins admis, sur la parole de Dupin, qu'ils étaient redevables de sommes immenses envers le Trésor.

Le 18 floréal an II, les fermiers généraux comparurent devant le Tribunal révolutionnaire. Deux audiences furent consacrées au jugement. Trois accusés furent mis hors de cause; pour les autres, le jury déclara qu'il était constant qu'un complot avait existé « contre le peuple français, tendant à favoriser, par tous les moyens possibles, les ennemis de la France, notamment en mêlant au tabac de l'eau et des ingrédients nuisibles à la santé des citoyens qui en faisaient usage; en prenant des intérêts exorbitants pour les différentes cautions et mises de fonds nécessaires à l'exploitation de la ferme générale », etc. En conséquence, ils furent condamnés à mort et le Tribunal ordonna que le jugement fût exécuté dans les vingt-quatre heures, sur la place de la Révolution.

IV

Après le 9 thermidor, les protestations s'élevèrent de toutes parts contre l'exécution des fermiers généraux. Dupin, poursuivi par le ressentiment des parents et des amis de ses victimes, conçut l'audacieuse pensée de prendre l'initiative de réhabiliter les fermiers généraux. Le 16 floréal an III, il monta à la tribune

(1) Tout en défendant la mémoire des fermiers généraux en 1794, Roy se livrait à d'habiles spéculations. Possesseur de la magnifique terre de Navarre, il passait pour avoir en terres un million 800,000 livres de rentes. On citait avec lui comme les plus riches propriétaires de France : le marquis d'Aligre, le marquis de Boissy et M. Durand de Mareuil. Ils étaient un jour tous quatre réunis et chacun d'eux s'efforçait de prouver qu'il était le plus pauvre : — Vraiment à vous entendre, s'écria Beugnot, on croirait les 4 mendiants !...

pour faire amende honorable à leurs cendres : « J'ai le cœur navré plus que je ne puis vous l'exprimer, déclara-t-il, en vous disant que le décret que la Convention nationale a rendu sur mon rapport, au nom des Comités, a été le tocsin de la mort des fermiers généraux. On devait leur présenter les différents chefs d'accusation, les discuter, leur mettre les pièces sous les yeux, leur faire des interpellations; rien de tout cela n'a été fait. Ils devaient être entendus; ils ne l'ont pas été. Ils ont été envoyés à la mort sans avoir été jugés. » Dupin terminait en accusant Robespierre, qui n'était plus là pour se défendre, d'avoir été la seule cause de la mort des fermiers généraux, pour lesquels il affirmait avoir été, quant à lui, plein d'égards et de bontés.

Ce discours ne souleva pas de protestations; mais des plaintes furent portées contre Dupin par les familles des victimes et, le 22 thermidor an III, Lesage, député d'Eure-et-Loir, demanda contre lui un décret d'arrestation qui fut rendu. Dupin, emprisonné pendant deux mois, fut amnistié le 4 brumaire ; mais jusqu'à sa mort il garda le surnom de Dupin-Mouillade, dont on le désigna en souvenir du reproche qu'il avait fait aux fermiers généraux « d'exagérer le mouillage du tabac en faisant payer l'eau introduite au prix du tabac. »

Un décret du 18 prairial an III (16 juin 1795) permit aux familles des fermiers généraux de rentrer en possession des biens qu'ils avaient laissés.

———×———

CHAPITRE VIII

Le Directoire

I. Faypoult. — II. Les transformations des assignats. — III. La banqueroute. — IV. Les emprunts.

I

Le Directoire nomma au ministère Faypoult, auteur d'une brochure où il indiquait la nécessité et les moyens de revenir au numéraire (20 brumaire an IV). Le nouveau ministre ne sembla pas cependant envisager pour le moment d'autres ressources que les assignats : « Déjà, dit-il, j'entrevois une situation difficile parce que la fabrication des assignats est moins rapide que la dépense. » En effet, ainsi que le disait Vedier : « La fabrication ne s'élevait qu'à 60 ou 70 millions par jour et l'on dépensait de 80 à 90 millions. » On avait eu beau fabriquer jusqu'à des assignats de 10.000 livres, les ateliers ne pouvaient suffire à la commande. Moins les assignats avaient de valeur et plus il en fallait, et plus on en faisait, plus leur valeur baissait.

Les directeurs, seuls maîtres de la fabrication, avaient porté à 800 le nombre des ouvriers et acquis les papeteries d'Essonnes, où l'on faisait aussi des assignats. Tous les imprimeurs furent mis en réquisition sous peine d'arrestation.

On pouvait prévoir le moment où l'assignat de l'inscription la plus élevée n'aurait été bon qu'à faire des cornets. La France n'avait plus de monnaie; il fallait des liasses et des liasses de papiers pour acheter l'objet le plus vulgaire. Un déjeuner coûtait 5 ou 6 milliers de livres.

Faypoult avait fait, en arrivant aux affaires, une demande de crédit de 3 millions, que le Conseil des Anciens et celui des Cinq-Cents lui accordèrent. Quelques jours plus tard il ouvrit un nouveau crédit de 21 millions numéraires en traites sur l'étranger.

Enfin, avec l'aide de la Société des Comptes courants, qui venait de se fonder, 15 millions de pièces de 20 centimes en cuivre furent mises en circulation et permirent du moins les menues transactions de la vie.

Suivant un décret de l'année précédente, les contributions foncières de 1795 continuèrent à être payées pour les bâtiments en assignats, valeur nominale, et les cotes des biens ruraux, moitié en assignats, valeur nominale, et moitié en grains, valeur de 1790; mais des contributions perçues dans de telles conditions ne pouvaient subvenir aux besoins de l'Etat.

Les assignats reçus en paiement ne faisaient que diminuer dans une proportion insignifiante la masse de papier-monnaie en circulation, sans pouvoir en relever le cours, et la rentrée en grains ne produisait que de faibles ressources.

Le Directoire, dans cette situation critique, dut revenir à un emprunt forcé de 150 millions, dont chaque taxe pouvait être payée en numéraire, lingots, en grains ou en assignats reçus pour la centième partie de leur valeur nominale; mais, malgré des poursuites et des ventes forcées, il ne produisit qu'une douzaine de millions, qui furent compensés sans doute par une diminution de recettes sur d'autres chapitres.

Quelques années plus tard, un troisième emprunt forcé, ordonné par le Directoire, produisit moins encore, à peine 3 millions. « Qu'a produit l'impôt forcé jusqu'à ce jour, disait

Cabanis le 25 brumaire an VIII. Nous serions heureux s'il avait produit quelque 6 ou 7 millions effectifs ; mais il a coûté le sextuple sur les autres recettes et peut-être autant par l'augmentation des dépenses, augmentation qui tient surtout à l'intérêt excessif de l'argent. Le resserrement de l'argent est la suite inévitable de cette crainte de passer pour riche que portent dans toutes les âmes les impositions progressives et arbitraires. »

II

Ne recevoir dans les caisses publiques, pour l'emprunt de 150 millions, les assignats qu'au centième de leur valeur, c'était la déclaration de la banqueroute; mais on espérait du moins arrêter à ce taux la dépréciation des assignats en la légalisant. Cette prévision fut trompée et la mesure ne fit qu'accélérer l'anéantissement du papier-monnaie. Les particuliers ne le prirent plus qu'aux deux centièmes de sa valeur et bientôt à moins encore. Un assignat de 100 livres n'était plus accepté que pour 6 sous; le louis d'or valait alors 8.000 livres en assignats, c'est-à-dire 330 capitaux pour un.

Venier avait proposé que l'on confiât à des caisses particulières « totalement indépendantes du Gouvernement » le soin de liquider les assignats. Les caisses auraient été dotées de 3 milliards 170 millions de créances à recouvrer par le Trésor sur les contribuables, sur les communes, sur la Belgique, etc. Avec ces 3 milliards de valeurs, les caisses devaient rembourser la moitié environ du papier en circulation, en exceptant de l'opération les assignats de 50 livres et au-dessous. « Tout le monde serait bien content, disait Venier, de toucher la moitié de la valeur de 1790. »

Ce projet ne fut pas adopté et, quand fut brisée la planche aux assignats, en mars 1796, il restait encore 36 milliards de papier-monnaie entre les mains du public.

On offrit en dédommagement aux porteurs des mandats territoriaux qui ne firent d'illusion à personne et qui ne tardèrent pas à n'avoir aucune valeur. Deux cent mille familles furent ruinées en deux jours.

La loi qui ordonnait la création des mandats permettait de les donner en échange contre des assignats à trente capitaux pour un. C'était consacrer la dépréciation des nouveaux titres le jour même de leur émission. Pour 30.000 livres d'assignats on avait 1.000 livres de mandats; mais, ces 30.000 livres d'assignats ne produisant en numéraire que 120 livres, il en résultait que 1.000 livres de mandats ne valaient également que 120 livres.

Aux mandats territoriaux succédèrent les rescriptions métalliques, dont on pouvait aller recevoir la valeur dans une des caisses des neuf départements de la Belgique, où l'emprunt se payait en numéraire. Mais le Directoire, quand il avait délivré une de ces rescriptions à un créancier de l'Etat, se hâtait de faire partir un courrier pour aller chez le receveur désigné prendre tous les fonds qu'il avait en caisse [1].

Il y eut ensuite les ordonnances de paiement, les bons d'arrérages, les bons de quart et des trois quarts, les bons de réquisition, etc. Ils ne pouvaient servir qu'à payer les impôts et à acheter les biens nationaux.

(1) Les rescriptions restèrent manuscrites. Quand la planche en fut gravée, elles étaient démonétisées.

III

Dès la création des assignats on avait cessé d'établir des budgets. Chaque mois la balance entre les recettes et les dépenses était ajustée au moyen d'un prélèvement sur la réserve en assignats.

Quant à la comptabilité, il n'en avait pas été tenu depuis la Convention. Celle qu'essaya de tenir le Directoire était rendue bien difficile et compliquée par la diversité des valeurs admises au paiement des contributions : lingots, grains, fourrages, assignats valeur nominale, assignats au cours, assignats au trentuple des mandats, mandats à l'octuple de la valeur numéraire, bons de réquisition, inscriptions de la dette publique, etc. Les inspecteurs ne pouvaient voir clair dans leurs comptes et les receveurs en profitaient pour se livrer à des concussions de toute sorte.

Le rapport de Groscassand-Dorimond aux Cinq-Cents, le 19 septembre 1799, signalait tous ces abus des fonctionnaires financiers, qui, profitant des fonds qu'ils avaient entre les mains, « s'associaient aux fournisseurs » dans les marchés ou « s'adjugeaient des concessions sous des noms supposés. »

L'incohérence de l'administration financière du Directoire augmenta encore le désarroi. Huit lois interprétatives vinrent successivement changer le mode de percevoir l'impôt. La Bourse, supprimée par décret du 17 juin 1793, pour empêcher les rassemblements d'agioteurs, avait été rouverte le 10 mai 1795, puis refermée le 13 décembre de la même année et ouverte de nouveau le 12 janvier 1794.

IV

Quand les directeurs s'installèrent au Luxembourg, l'avoir de la Trésorerie, en numéraire, lingots, argenterie des églises, était évalué à 28.804.000 livres [1], dont 5 millions en espèces monnayées. Mais la majeure partie de ce numéraire était dans les caisses des payeurs de l'armée, et la Trésorerie ne disposait effectivement que de 250.000 livres. Les assignats en caisse s'élevaient à 619 millions valeur nominale; leur valeur réelle n'était que de 1.500.000 livres. La dépense journalière était de 50 millions papier et de 125.000 livres numéraire. Le Trésor public devait 63 millions en numéraire et 3 milliards 600 millions en livres papier.

Le Directoire, forcé de vivre au jour le jour, payait quelques créanciers favorisés avec ses recettes de la veille et renvoyait les autres à un éternel lendemain, jusqu'à ce que, lassés d'attendre, ils eussent vendu leur créance à vil prix à des agioteurs qui trouvaient bien moyen, par quelque protection auprès d'un directeur ou d'un commis, d'en toucher le montant.

Le Gouvernement méditait depuis longtemps une vaste banqueroute. Le 9 vendémiaire an VI, la loi générale sur les finances ordonna que toute rente perpétuelle ou viagère, ainsi que toutes les autres dettes de l'Etat, anciennes ou nouvelles, liquidées ou à liquider, seraient remboursées pour deux tiers en bons au porteur, libellés « Dette publique mobilisée, » lesquels bons ne seraient échangés qu'en bons nationaux et seraient reçus en paiement de la portion du prix payable avec la dette publique, tandis

(1) D'après les comptes de Ramel, on peut évaluer l'argenterie des églises, le métal des cloches, les matières précieuses et le mobilier de toute origine à 200 ou 250 millions, qui joints à la valeur des biens nationaux forment un total de 5 milliards 750 millions.

que le troisième tiers conservé serait inscrit sur un nouveau Grand-Livre de la Dette publique et porterait un intérêt de 5 % payable par semestre.

Les bons dits *deux tiers* ne furent acceptés qu'à 70 à 80 % de leur valeur. Au bout de quelques jours on n'en voulait plus pour rien. Quant au troisième tiers, on lui donna le nom de *tiers consolidé.*

V

Nous avons dit que le Directoire avait fait, au début du ministère Faypoult, un emprunt de 3 millions, bientôt suivi d'un second emprunt de 21 millions numéraire en traites sur l'étranger, payable en assignats au cours [1].

Un autre emprunt de 80 millions, divisé en 80.000 actions de 1.000 francs à 5 %, et remboursables en dix ans, avait pour objet de subvenir aux frais d'une descente en Angleterre. On devait faire, pendant ces dix ans, un tirage de primes dont les fonds seraient constitués par un quart des contributions ou prises provenant des victoires de nos armées sur le territoire de l'Angleterre.

Les souscripteurs furent peu nombreux.

(1) Le cours, constaté tous les cinq jours par ses agents de change, était envoyé par le ministre dans les départements.

CHAPITRE IX

Le Consulat

I. Réorganisation financière. — II. Banques d'émission. — III. La Banque de France.

I

Quand les consuls prirent possession du Gouvernement, à la chute du Directoire, ils trouvèrent dans les caisses du Trésor une somme de 177.000 francs. Il ne restait plus en France vestige de finances et l'on dut emprunter à n'importe quelles conditions pour pourvoir aux premières dépenses. Des banquiers firent au Trésor une avance sur une subvention fixée à 25 centimes des contributions foncières et mobilières, payables partie en numéraire, partie en billets et autres valeurs mortes émises par le Directoire. Le Gouvernement consulaire créa en même temps des rescriptions admissibles comme numéraire en paiement des propriétés rurales que l'Etat se disposait à vendre. Il exigea des cautionnements en numéraire pour un certain nombre de fonctions publiques, et le produit en fut affecté au service des dépenses de l'année 1800. La vente des marais salants de l'Ouest et des côtes de la Méditerranée procurèrent aussi quelques subsides qui permirent de gagner du temps pendant qu'on se hâtait de procéder à la réfection des rôles très défectueux des contributions directes qui, depuis la Révolution, ne donnaient presque plus de produits.

Bonaparte entreprit aussi le travail du cadastre, œuvre que beaucoup de ses conseillers lui représentaient comme impossible, et dont il sentait l'impérieuse nécessité : « Pourquoi n'avons-nous pas d'esprit public en France? disait-il. C'est que le propriétaire est obligé de faire la cour à l'administration. S'il est mal avec elle il peut être ruiné. Le jugement des réclamations est arbitraire; c'est aussi ce qui fait que chez aucune nation on n'est aussi servilement attaché au Gouvernement qu'en France, parce que la propriété y est dans sa dépendance. En Lombardie, au contraire, un propriétaire vit dans sa terre sans s'inquiéter qui gouverne. On n'a jamais rien fait en France pour la propriété. Celui qui fera une bonne loi sur le cadastre méritera une statue. »

Le premier consul avait divisé l'Administration des finances en deux ministères : celui des finances proprement dites, qu'il confia à Gaudin (1), et celui du Trésor, qu'il donna à Barbé-Marbois.

Gaudin réorganisa la perception directe des départements en établissant au chef-lieu un directeur, avec un inspecteur pour le seconder et un contrôleur par arrondissement.

La création d'une caisse d'amortissement contribua à soutenir le crédit, et la rente consolidée, qui avait été à 7 francs sous le Directoire, s'éleva graduellement. Le 21 novembre 1799 elle était déjà à 22 francs, pour être cotée le 13 mai 1808 à 88 fr. 15 (2).

Le premier consul examinait tous les mois, en une heure, les dépenses de chaque ministère et fixait la somme qu'il devait employer le mois suivant, ralentissant ou pressant suivant les circonstances.

(1) Napoléon le fit duc de Gaëte.

(2) Voir dans le « MANUEL CANON » le tableau, année par année, des cours de la rente les plus élevés et les plus bas, depuis sa création jusqu'à nos jours.

Cette rapide inspection, pendant laquelle aucun chiffre ne lui échappait, avait inspiré à tous les fonctionnaires de l'ordre financier et aux fournisseurs une crainte salutaire dont profita la bonne gestion des deniers publics.

Tel avait été le chaos à débrouiller que, malgré tant d'ordre, de vigilance et d'économie, ce ne fut qu'en 1801 qu'il fut possible d'établir un budget. Bonaparte fut si satisfait de la situation des comptes de l'an X (1802), qui lui fut présentée par Gaudin au commencement de l'an XI, qu'il en fit remettre quarante exemplaires à Talleyrand, ministre des relations extérieures, pour les envoyer en Angleterre. « Il faut, disait-il, que ces gens-là, qui nous croient si mal dans nos affaires, voient où nous en sommes et le chemin que nous avons fait en trois ans, malgré la guerre et la situation dans laquelle nous avons trouvé la France. »

II

Dès 1796, s'était formé à Paris l'établissement dit « Caisse des Comptes courants », société en commandite au capital de 5 millions, divisés en 1.000 actions de 5.000 francs chacune.

Elle fut fondée par le sieur Augustin Monneron, originaire d'Antibes, ancien député démissionnaire à l'Assemblée Législative. Il céda sa place de directeur à Garat et fit banqueroute en 1798. Poursuivi devant le tribunal correctionnel de Paris, il fut acquitté en mai 1799. Il était le dernier des quatre frères, tous banquiers, qui furent les commanditaires des frères Montgolfier. Ils avaient obtenu le droit de frapper une monnaie de cuivre composée de pièces de deux et de cinq sous, qui reçurent dans le public le nom de « monnerons. »

En brumaire an VI (novembre 1797), on déroba à la Caisse des Comptes courants 2 millions 1/2. Les porteurs de billets prirent peur et affluèrent aux guichets ; mais les principaux actionnaires se déclarèrent publiquement solidaires des pertes que l'institution pouvait faire subir au public et la panique cessa.

L'année 1797 vit se fonder la Caisse d'Escompte du Commerce qui, disait le prospectus « avait plus pour but de procurer à ses actionnaires et aux marchands des facilités pour leur commerce que de chercher des bénéfices dans les opérations qui s'y faisaient. »

Son capital nominal était de 24 millions représentés par 2.400 actions de 10.000 francs. Mais il n'en avait été versé en réalité que 6; les 18 autres étaient garantis par l'engagement signé des actionnaires.

Elle composait son Conseil d'administration de commerçants de spécialités diverses : quincaillerie, soie, peaux, draps, tabletterie, mercerie, épicerie. Ses directeurs furent successivement Ch.-Fr. Maillot et J.-Th. Nicolas.

En messidor an X (juillet 1802), un de ses directeurs lui déroba près de 800.000 francs. Elle dut se dissoudre, mais se reforma aussitôt après sous la même raison sociale.

Le Comptoir Commercial datait de 1800. Il était plus connu sous la désignation de Caisse Jaback, nom du célèbre collectionneur dont elle occupait l'hôtel, situé au coin des rues Saint-Martin et Neuve-Saint-Merri.

La Caisse Jaback faisait l'escompte du papier sur Paris et les départements et émettait des billets au porteur de 250, 500 et 1.000 francs. Ses directeurs furent Ferdinand Jacquemart et Doulcet d'Egligny.

Telles étaient pour Paris, en y ajoutant la Factorerie et quelques autres établissements de moindre importance, les banques principales existant à Paris au commencement de 1800.

Quant à la province, il n'y avait que Rouen qui possédât une banque de ce genre. C'était la Société générale du Commerce de Rouen, fondée en 1798. Elle prenait à l'escompte des effets ayant deux signatures au moins et à 180 jours d'échéance. Recevant des dépôts de 250 francs et au-dessus, cette banque mettait en circulation des billets de 100, 250, 500 et 1.000 francs pour une valeur qui ne dépassa pas 200.000 fr.

III

Une réunion de capitalistes résolurent et arrêtèrent, le 24 pluviôse an VIII (13 février 1800), les statuts fondamentaux d'une banque publique sous la désignation de Banque de France, et dont les fonds, au capital de 30 millions en monnaie métallique, seraient faits par actions de 1.000 francs chacune.

Le commencement de ses opérations fut fixé au 1er ventôse an VIII (20 février 1800) et un arrêté de la même année la chargea du paiement en numéraire des rentes et pensions sur l'Etat (1).

(1) Voici quelle était l'administration de la Banque à sa fondation :

Régents : Les citoyens Barillon, banquier ; Besterreche, banquier ; Carie, banquier ; Demautort, notaire ; Germain, banquier ; Hugues Lagarde, ancien notaire à Marseille ; Lecouteulx-Canteleux, négociant ; Mallet l'aîné, banquier ; Perregaux, banquier ; Perier, négociant de Grenoble ; Perrée, négociant de Granville ; Robillard, négociant ; Récamier, banquier ; Ricard, ancien négociant à Lyon ; Auguste Sévénes, banquier.

Censeurs : Les citoyens Journu-Aubert, négociant de Bordeaux ; Sabatier, négociant ; Sœhnee, propriétaire ; Rodesse, secrétaire général.

Direction : Garat, directeur général ; Devaines fils, contrôleur général ; Delafontaine, caissier général ; Soret, directeur de l'Escompte ; Brisebarre aîné, directeur des livres ; Corsange, directeur des Caisses de rentes et pensions ; Joinville fils, caissier des dépenses, Vial, caissier des remboursements des billets.

Conseil de la Banque : Armey, Berryer et Perignon.

Les conseils et les principaux personnages de l'Etat se firent inscrire au nombre des

Cependant les régents chargés de préparer l'établissement de la Banque, craignant de ne pouvoir assez promptement obtenir les 30 millions de capital, demandèrent aux consuls que la moitié des fonds provenant des cautionnements à fournir par les receveurs généraux et destinés, par la loi du 6 frimaire an VIII, à l'amortissement de la dette, fussent versés à la Banque.

Cette demande ayant été accueillie, par arrêté du 28 nivôse suivant, 5 millions furent donnés à la Banque contre 5.000 actions inscrites au nom de la caisse d'amortissement.

Le placement des actions ne s'opéra que lentement. Dans le premier semestre, il n'y en eut que 7.590 qui furent parties prenantes au dividende, et, dans ce nombre même, 5.000 appartenaient à la caisse d'amortissement.

Ce n'est qu'en l'an X (1801-1802) que le total des 30.000 actions fut placé.

Le 18 janvier 1800, l'Assemblée générale des actionnaires de la Caisse d'Escompte prononçait la dissolution de cette société et, par un arrêté du même jour, ses actionnaires étaient joints

actionnaires, entre autres Lucien BONAPARTE, HORTENSE de BEAUHARNAIS, DUBOIS, préfet de police, SIEYES, le général SERRURIER.

Bonaparte surtout s'intéressait beaucoup à la nouvelle institution. Il l'appelait « ma banque » quand il en parlait avec Mollien.

La Banque de France fut d'abord installée dans les locaux qu'occupait la Caisse des Comptes courants à l'Hôtel Massiac, place des Victoires Nationales ; puis ses opérations ayant augmenté, elle ne tarda pas à s'y trouver trop à l'étroit et le 6 mars 1808 l'empereur rendit un décret autorisant la cession de l'Hôtel de la Vrillère à la Banque, moyennant une somme de deux millions.

Cet hôtel, où est encore actuellement la Banque, avait appartenu successivement au marquis de la Vrillère, à Rouillé, ministre des Affaires Etrangères, au comte de Toulouse, fils légitimé de Louis XIV et de Mme de Montespan, au duc de Penthièvre, fils de celui-ci. Il fut déclaré bien national à la Révolution.

L'imprimerie nationale était là depuis 13 ans quand Napoléon Ier la fit déloger pour installer la Banque à sa place. Ce quartier des Victoires était depuis longtemps d'ailleurs voué à la finance. Le *Terrier royal* de 1705 nous donne des noms de financiers qui y habitaient : Crozat, Bauyn de Cormery, Claude Le Gros, Henault, Pelet, Rolland, les fermiers généraux de Blair, Le Gendre, Demonchy.

C'est là aussi au n° 7 de la place des Victoires que demeurait Samuel Bernard pendant qu'il faisait construire au cul-de-sac de l'Orangerie, aujourd'hui rue Saint-Florentin, l'hôtel qui forme le coin de cette rue et de la rue de Rivoli.

à ceux de la Banque. Garat, le directeur de la Caisse, devenait directeur de la Banque.

Lors de cette réunion, la Caisse des Comptes courants avait en émission ou en réserve 20.780.000 francs de billets de 500 et de 1.000 francs que la Banque employa pour le service ordinaire, en attendant qu'elle fût autorisée à émettre ses propres billets. Cette caisse n'avait pas excédé 45 jours d'échéance pour les billets qu'elle escomptait. Les statuts de la Banque n'ayant pas fixé cette échéance, la régence la porta à 60 jours, se proposant de la prolonger jusqu'à 90 jours lorsque les facultés de la Banque le lui permettraient.

Un arrêté du 15 nivôse an VIII ordonna que les réserves de la Loterie nationale seraient déposées à la Banque.

Pendant les trois premières années de son existence, la Banque, renfermée dans les limites restreintes d'un établissement privé, eut à lutter contre la concurrence de quelques établissements rivaux; mais la loi du 24 germinal an XI (14 avril 1803) créa pour elle une situation privilégiée en l'investissant, à partir du 1er vendémiaire an XII (24 septembre 1803), du privilège exclusif d'émettre des billets à vue et au porteur. En même temps, son capital fut porté à 45 millions.

La Caisse d'Escompte, la Caisse Jaback, la Factorerie et quelques autres établissements d'émission, contraints par cette loi de retirer leurs billets, s'entendirent avec la Banque. La première échangea la majeure partie de ses actions nouvelles de la Banque. La seconde se reconstitua d'abord sous une forme analogue à celle que devait prendre, en 1848, le Comptoir national d'Escompte, c'est-à-dire en se faisant l'intermédiaire entre le public et la Banque de France; puis, en 1808, elle quitta son titre de Comptoir commercial et rentra, vis-à-vis de la Banque, dans la catégorie des autres maisons sans distinction spéciale ni faveur particulière.

CHAPITRE X

Le premier Empire

I. Finances prospères et grands travaux. — II. Le blocus continental. — III. Les désastres.

I

Les finances, sévèrement administrées par Napoléon, furent prospères jusqu'à l'époque des désastres qui terminèrent son règne.

Une crise très grave, survenue en 1805 à la Banque de France, par suite d'avances trop considérables, couvertes seulement par des mandats, qui avaient été consenties à l'Etat et qui avaient mis en péril l'encaisse de la Banque, motiva des modifications dans son organisation. Elles furent consacrées par la loi du 22 avril 1806. Le capital fut porté de 45 à 90 millions, non compris la réserve. L'organisation de la Banque fut complétée par le décret du 16 janvier 1808, qui permettait aux actionnaires de donner à leurs actions la qualité d'immeubles (article 7) et qui autorisait la Banque à tenir une caisse de dépôts volontaires pour tous titres, lingots, monnaies d'or et d'argent et les diamants.

La même loi jeta les fondements de l'organisation des succursales; il en fut fondé à Lyon et à Rouen; puis à Lille en 1810, sur le désir de l'empereur; mais ces comptoirs furent liquidés quelques années après et les succursales ne datent véritablement que de 1836.

La Cour des Comptes fut instituée le 16 septembre 1807. Les Chambres des Comptes de l'Ancien Régime, supprimées par la Révolution, avaient été remplacées par une Commission de comptabilité établie pour toute la France, mais qui était loin de fonctionner régulièrement. La nouvelle organisation procura immédiatement au Trésor des rentrées importantes.

Toutes les sommes perçues par droit de conquête ou à titre d'indemnité de guerre étaient versées à la Caisse des domaines extraordinaires, ce qui permit d'exécuter les grands travaux qui ont embelli et assaini Paris, agrandi nos ports, amélioré et augmenté nos routes. Un milliard leur a été consacré en douze ans. Cent millions furent dépensés pour Paris. Le Louvre et Versailles, ruinés par la Révolution, ont été restaurés. Plus de 90 millions ont servi à l'embellissement des palais impériaux.

300 millions furent employés aux constructions de ponts, 50 aux canaux, 14 aux dessèchements, 227 aux routes, 100 aux ports de mer. Des constructions d'asiles pour orphelins et de refuges de mendicité coûtèrent 12 millions.

Dans les départements situés au delà des anciennes frontières il en était de même. L'ouverture de l'Escaut et le port d'Anvers demandèrent 40 millions; Ostende et Brekers plus de 10 millions; le Helder et le New-Diep plus de 6 millions; en Italie, la seule forteresse d'Alexandrie, plus de 26 millions; les ponts et digues du Pô, les ponts de la Scrivia et de la Doire 3 millions; les travaux du Simplon, du mont Cenis, du mont Genève et de la Corniche plus de 30 millions; les fouilles de Rome 2 millions; sur le Rhin, les fortifications de Mayence et de Wesel et la grande route de Metz à Francfort 25 millions, etc.

Napoléon s'occupait en même temps de la réorganisation financière des pays conquis et alliés.

Le budget impérial comprenait les Etats romains, la Hollande, les départements hanséatiques réunis à l'Empire Français et les provinces illyriennes non réunies.

Le duc de Gaëte organisa directement les finances de la Ligurie, de la Hollande et de la Westphalie. Le baron Jamet opéra la liquidation de la dette publique de Rome en deux ans.

A Florence, le comte de Chabrol de Crouzal et le baron Jamet; dans les départements hanséatiques, M. de Chaban, réglèrent l'administration financière.

II

Le 21 novembre 1806, l'empereur décréta le blocus continental, qui coûta à l'Angleterre une perte évaluée à 1.100 millions, mais qui produisit chez nous de graves perturbations commerciales et causa un grand préjudice à nos villes maritimes. Toutes les marchandises anglaises trouvées chez un marchand devaient être portées sur la place publique et brûlées. Aucun navire ne pouvait sortir de nos ports, à destination de l'étranger, s'il n'était muni d'une licence signée de la main même de l'empereur. On fit un trafic de ces licences, dont quelques-unes se vendirent jusqu'à 500.000 francs.

C'est du moins à ce système que nous devons notre industrie du sucre de betteraves. Dès les premières années de son introduction en France elle donna 7 millions de sucre pesant, nous affranchissant ainsi d'un tribut de 90 millions à l'étranger.

III

En 1811, le blé ayant manqué dans une partie de la France, le Gouvernement dut faire d'importants sacrifices pour maintenir le prix du pain à 16 sous les quatre livres. Il perdait 12 ou

15 francs par sac de blé qu'il achetait pour l'approvisionnement de la capitale.

Voulant procurer du travail aux ouvriers, Napoléon fit ouvrir le canal de Saint-Maur, qui joint la Marne à la Seine, en abrégeant ainsi de quatre ou cinq heures la navigation jusqu'à Charenton. Il fit presser aussi l'achèvement des canaux de l'Ourcq et de Saint-Denis.

La campagne de Russie dérangea l'équilibre du budget. En 1813, la recette annuelle était de 900 millions, sur lesquels il fallait prélever environ 350 millions pour la dette publique, les pensions et les autres ministères que ceux de la marine et de la guerre. Il ne restait donc pour ces derniers que 550 millions. Les ministres demandèrent un supplément de 300 millions qu'on se procura par des ventes de rentes sur l'Etat. Le décret du 11 novembre 1813 prescrivit qu'il serait perçu 30 centimes additionnels au principal des contributions directes des portes et fenêtres et des patentes de 1813; un second décime ou un double droit par kilogramme de sel (1), et 10 centimes par addition aux droits réunis et aux tarifs des octrois. Le déficit s'élevait déjà à 240 millions. Le crédit était nul. Les bons du Trésor perdaient déjà les trois quarts de leur valeur et les ressources d'amortissement étaient épuisées.

Napoléon avait dans les caves des Tuileries 120 millions en or. Il en fit prendre 30 qui furent transportés dans les caisses publiques; plus tard, la plus grande partie de ce trésor particulier fut employée pendant la campagne de France (2).

Dans la matinée du 30 décembre 1813, l'empereur fit fermer

(1) L'impôt sur le sel datait de 1806.

(2) Ce qu'il en restait fut emporté dans sa fuite par Marie-Louise à qui M. Dudon alla les réclamer avec les diamants de la couronne. Quand les fourgons qui les rapportaient arrivèrent dans la cour des Tuileries, les courtisans qui entouraient le comte d'Artois proposèrent de se les partager. L'abbé Louis, qui était présent, s'y opposa. Il fit verser l'or au trésor royal (onze millions) et les diamants à la caisse de la liste civile.

aux députés les portes de la salle des séances du Corps Législatif et fit adopter le budget le 7 janvier 1814 par le Conseil d'Etat. Un simple décret tint lieu de la loi de finance.

Le 7 avril 1814, le comte d'Artois faisait son entrée dans Paris aux cris de : « Plus de droits réunis! » et Napoléon prenait le chemin de l'île d'Elbe.

Les désastres de 1812, 1813 et 1814 laissaient un arriéré de 503.983.190 francs.

Au 1er janvier 1814, le capital de la Banque de France s'élevait à 11.500.000 francs. Il était composé : 1° des 90.000 actions de 1.200 francs formant 108 millions; 2° de la réserve acquise sur les dividendes, montant à 3.500.000 francs.

Cette année fut, à cause de l'invasion, celle où l'escompte a été le plus bas; il n'a été que de 88.500.000 francs.

Laffitte fut directeur provisoire de la Banque en ces temps difficiles. La Banque montra, à cette époque, une extrême prudence qui acheva de lui gagner la confiance du pays. Elle retira ses billets en circulation jusqu'à n'en avoir plus dans les mains du public que pour 12 millions environ. Il en fut anéanti pour 251 millions dont 173 furent brûlés et le surplus frappé du timbre d'annulation au fur et à mesure de leur rentrée.

En même temps, elle n'hésita pas à détruire les planches et ustensiles qui auraient pu servir à la fabrication de ses billets.

———×———

CHAPITRE XI

La liquidation de l'Empire

I. La première Restauration. — II. Ouvrard et les Cent-Jours. — III. Le retour des Bourbons. — IV. La libération de la France.

I

« Les dettes du roi sont les dettes de la nation », disait l'abbé Terray. Fidèle à ce principe, la France paya les 30 millions de dettes que Louis XVIII rapportait de l'émigration. L'état des sommes qui les composaient ne fut pas rendu public. La Chambre des députés nomma une Commission qui fit l'examen des créances produites. Un certain nombre de créanciers reçurent en paiement des pensions. La France eut à payer même l'armement des troupes de Condé, qui avaient combattu contre elle.

Les différents Etats de l'Europe réclamaient 735 millions pour les dommages qu'ils avaient éprouvés de notre fait depuis 1792, et, enfin, nous avions à entretenir à nos frais 150.000 hommes de troupes étrangères qui devaient occuper nos départements frontières pendant cinq ans.

L'ensemble de nos charges se montait à 2 milliards. Le comte d'Artois avait eu beau promettre la suppression des droits réunis, le baron Louis (1), chargé du ministère des finances, en fit poursuivre le paiement, auquel le Midi voulait se refuser. « Mais j'ai promis qu'on ne les paierait plus, » objecta le prince. « Et moi, j'ai promis de payer la dette publique, » répondit le ministre.

La situation financière du pays était singulièrement alarmante. L'abbé de Montesquiou en fit, le 12 janvier, devant les Chambres, un exposé d'où il résultait que, depuis le 1er janvier 1813, 220.000 chevaux avaient péri; que les dépenses faites par les communes en 1813, pour l'équipement des cavaliers montés qu'elles avaient fournis, s'étaient élevées à 6 millions; que les gardes d'honneur de 1812 avaient coûté 9 millions; que nos pertes de matériel s'élevaient à 200 pièces de canons, 1.200.000 boulets, 600.000 fusils, 12.000 voitures d'artillerie et que nos prisonniers arrivant de Prusse, d'Autriche, de Russie et d'Angleterre, prisonniers avec lesquels il y aurait un compte à faire, atteignaient le chiffre de 160.000 hommes. Au dire de M. de Montesquiou, les arriérés du Gouvernement impérial se montaient, en y comprenant la dette consolidée, à 1 milliard 648 millions. En en retranchant les 340 millions de capital représentant ces rentes, ils demeuraient, disait-il, à 1 milliard 308 millions.

Ces chiffres furent contestés par Mollien et quand le baron Louis présenta, le 22 juillet, son plan de finances, l'arriéré y était réduit à 759 millions. Du reste, on ne fut jamais d'accord sur ce chiffre, qui varia dans tous les comptes, jusqu'à la liquidation définitive opérée par Villèle.

(1) Nous l'avons appelé précédemment l'abbé Louis. — Il avait été prêtre sous l'ancien régime. Paré de la ceinture tricolore, il avait servi de diacre à Talleyrand à la messe de la fête de la Fédération au Champ-de-Mars, le 14 juillet 1790, avec l'abbé Desrenaudes pour sous-diacre. Consulté par l'empereur Alexandre au sujet du maintien à l'empire de Napoléon, il s'écria avec sa virulence de langage habituel : « C'est un cadavre, mais il ne pue pas encore. » A Louis XVIII, qui lui demandait son opinion sur de nouveaux impôts substitués à d'anciens, le baron Louis répondit : « Mon avis est qu'on ne marche jamais mieux qu'avec de vieux souliers. »

La dépense de 1814 fut fixée à 827.415.000 francs et la recette à 520.000.000 de francs. Il fut décidé qu'il serait pourvu par des moyens extraordinaires à l'excédent de dépenses de cette année, ainsi qu'à l'arriéré des années 1810, 1811, 1812 et 1813. Ils consistaient à payer, au choix des créanciers, soit en obligations du Trésor, à ordre, payables à trois années fixes d'échéance, avec une indemnité de 8 % par an, soit en inscriptions de rentes 5 % consolidées.

Les ressources affectées au paiement et à l'amortissement des obligations du Trésor royal furent : 1° le produit de la vente de 300.000 hectares de bois de l'Etat; 2° l'excédent des recettes sur les dépenses du budget de 1815; 3° le produit de la vente des biens des communes et des autres biens cédés à la caisse d'amortissement par la loi du 20 mars 1813.

La liste civile fut portée, pour la durée du règne, à 25 millions annuels et les princes et princesses de la famille royale durent recevoir une attribution annuelle de 8 millions.

Le budget de la guerre fut fixé à un maximum de 200 millions. Mais cette mesure, inspirée par des raisons d'économie, augmenta le nombre des ennemis de la Restauration en nécessitant la mise en demi-solde de plusieurs milliers d'officiers.

Toutefois, la charte, qui reconnaissait la légitime propriété des biens nationaux à leurs acquéreurs, la paix qui semblait assurée, la confiance qui renaissait, commençaient déjà à faire sentir leur influence par une reprise générale des affaires. Les comptes courants de la Banque de France, au lieu de 32 millions, auxquels ils avaient monté dans le premier semestre de 1814, s'étaient élevés, après la Restauration et jusqu'au 31 décembre à 85 millions (1).

(1) Pendant l'occupation de Paris, les alliés avaient jeté dans la circulation une quantité si considérable d'or et d'argent qu'en quarante jours la Banque en acheta dix millions et réalisa ainsi un bénéfice de 91,000 francs.

II

Le 2 mars, Napoléon débarquait de l'île d'Elbe sur les côtes de Provence, et, le 20 mars au soir, rentrait à Paris, d'où les Bourbons venaient de s'enfuir. Il rappela ses anciens ministres, le duc de Gaète, à qui il rendit le ministère des finances, et Mollien, qu'il replaça à la tête du Trésor public.

Il n'y avait en caisse que quelques millions et les rentrées ne se faisaient pas. Beaucoup de contribuables ne versaient qu'un douzième échu à la fois. Plusieurs départements du Midi et de la Vendée se refusaient à payer l'impôt.

L'empereur manda le grand financier Ouvrard, avec qui il avait été fort dur autrefois et qu'il avait même retenu en prison au sujet d'un règlement de comptes de celui-ci avec l'Etat; mais il le jugeait le seul homme de finance assez audacieux pour conclure avec lui un marché en un moment où il avait à reprendre la lutte contre toute l'Europe coalisée. Ouvrard s'engagea à lui compter 50 millions contre le transfert qui lui serait fait de 5 millions de rente 5 % au prix de 50 francs (1), et, pour dérober cette opération au public, ces rentes furent prélevées sur celles que possédait la Caisse d'amortissement.

A la seconde Restauration, quand le baron Louis reprit les finances, il ne permit pas d'achever l'exécution du traité avec Ouvrard, qui, ayant vendu d'avance à bas prix la totalité des 5 millions de rente, dut acheter fort cher celles qu'il avait encore à délivrer à ses acheteurs. On accusa à ce sujet le duc de Gaète d'avoir autorisé illégalement le transfert et la vente d'une rente de 3.600.000 francs appartenant à la Caisse d'amortissement; mais il fut innocenté par une Commission, nommée par le roi pour examiner l'affaire.

(1) La rente était à 53 francs environ.

III

Au retour des Bourbons, la dette publique s'était augmentée de 600 millions. Les alliés réclamaient une contribution de guerre de 700 millions en numéraire, qui devait être acquittée par jour et par portions égales dans l'espace de cinq ans. La France devait payer en outre, annuellement, pendant trois ans, 130 millions pour l'entretien de l'armée d'occupation.

Par ordonnance royale du 6 août 1815, une contribution extraordinaire de 100 millions fut répartie sur les départements proportionnellement à leurs ressources.

Le baron Louis fut remplacé, le 26 août, par le comte Corvetto, gênois d'origine, qui avait été fait conseiller d'Etat par Napoléon lors de l'annexion de sa patrie à la France [1].

Le budget de 1816, qui n'avait pu être voté en 1815 et sur lequel on dut voter quatre douzièmes provisoires, comprenait des recettes et des dépenses extraordinaires.

Les dépenses extraordinaires étaient les charges résultant du traité et des conventions du 20 novembre 1815, qui précisaient les charges et les sacrifices imposés à la France par les puissances alliées. Les recettes extraordinaires, destinées à les acquitter, comprenaient 10 millions abandonnés par le roi sur sa liste civile pour dégrever les départements qui avaient le plus souffert en 1815; les retenues sur les traitements, évalués à 13 millions; un prélèvement de 5 millions sur un crédit de 6 millions de rentes que le Gouvernement était autorisé à créer; divers recouvrements; des centimes additionnels et contributions supplémentaires.

(1) Il avait été directeur de la banque de Saint-Georges, à Gênes.

Mais la confiance avait été détruite par les événements de 1815 et l'on ne put trouver à négocier l'emprunt de 6 millions de rentes. Le Trésor royal dut suspendre ses paiements aux alliés.

Le crédit était, pour 1817, de 314 millions, et le duc de Richelieu, ministre des affaires érangères, demanda aux Chambres un crédit de 30 millions pour y parer. On traita avec MM. Baring frères, de Londres, et Hope et Cie, d'Amsterdam. Les alliés prenaient des rentes pour une contribution de 140 millions et pour 160 millions destinés à l'entretien de l'armée d'occupation. Ils devaient les remettre, pour en opérer la vente pour leur compte, à MM. Baring et Hope, avec lesquels ils pouvaient prendre des engagements selon les besoins de chacun.

En même temps le duc de Richelieu obtenait la diminution d'un cinquième de l'armée d'occupation.

Ces deux mesures firent une impression favorable tant en France qu'en Europe, et les fonds montèrent. MM. Baring et Hope voulurent être acheteurs au lieu d'être consignataires.

IV

Indépendamment des contributions de guerre et de l'entretien des troupes alliées, la France avait encore à payer des indemnités qui lui étaient réclamées pour dommages causés à des individus, communes ou établissements quelconques à l'étranger depuis les débuts de la Révolution française.

Ces réclamations furent unifiées au capital de 300.800.000 fr., pour lequel le Gouvernement français s'engagea à faire inscrire sur le Grand-Livre une rente de 15.040.000 francs. Il fut en outre consenti à l'Espagne, à titre d'indemnité particulière, un million de rentes qui porta à 16.040.000 francs la somme totale des rentes à créer pour être délivrées aux pays alliés;

mais, afin de libérer entièrement la France de l'étranger, le ministre proposa aux Chambres un projet de loi portant création de 40.000.000 de rentes. Le duc de Gaëte, au nom de la Commission du budget, lut un rapport conforme aux conclusions du Gouvernement et la proposition fut votée par la Chambre, qui se leva en silence pour l'adopter.

Par suite de leur traité du premier emprunt, MM. Baring et Hope devaient être admis dans la négociation du second. Le comte Corvetto parvint cependant à faire la part des capitalistes français dans l'emprunt de 40 millions. Tel fut l'empressement des souscripteurs qu'il fallut employer la force armée pour les contenir; on souscrivit 198 millions de rentes au capital de 3 milliards 260 millions. Elles avaient été placées à 66, 50 et 67 francs. La baisse ne pouvait manquer de se produire, et le comte Corvetto, qu'on en rendit responsable, quitta le ministère et partit pour Gênes.

Le 9 octobre 1818, la convention signée à Aix-la-Chapelle n'en avait pas moins réglé définitivement tous les comptes entre la France et l'étranger. Le duc de Richelieu avait obtenu de l'amitié de l'empereur de Russie [1] que les troupes alliées se retireraient dès le 30 novembre, avant si faire se pouvait.

Au moment où le ministre des affaires étrangères prit sa retraite, les Chambres lui votèrent, comme récompense nationale, une dotation de 50.000 francs de rente, mais, froissé des observations qui avaient été faites au cours des débats, le duc ne l'accepta que pour fonder un hospice à Bordeaux. Il n'avait cependant aucune fortune.

(1) Le duc de Richelieu, petit-fils du maréchal, avait été en Russie pendant l'émigration et y avait obtenu la faveur de l'impératrice Catherine, puis celle de l'empereur Alexandre. Gouverneur d'Odessa et de la Nouvelle-Russie, il rendit de grands services dans ses fonctions. C'est à l'affection que lui portait l'empereur de Russie que la France dut l'allègement de ses charges en 1815.

———x———

QUATRIÈME PARTIE

LES TEMPS MODERNES

CHAPITRE PREMIER

Le ministère Villèle

I. Le comte Roy et le baron Louis. — II. Ouvrard et la guerre d'Espagne. — III. Un emprunt à la Banque de France et une émission de bons royaux. — IV. La conversion du 5 % et le milliard aux émigrés. — V. L'emprunt haïtien. — VI. Le développement financier et les luttes des partis.

I

Le comte Roy, qui succéda au comte Corvetto, avait été rapporteur des budgets de 1817 et 1818; mais il ne resta que deux mois au ministère, d'où il se retira avec le titre de ministre d'Etat et de membre du Conseil privé.

Le baron Louis fut ministre pour la troisième fois en décembre 1818. Il créa dans chaque département un livre auxiliaire du Grand-Livre. Ces petits Grands-Livres, ainsi qu'on les appela, ont offert aux habitants des provinces des facilités pour placer leur capital en rentes sur l'Etat.

Au mois de novembre 1819, Louis fut remplacé à son tour par le comte Roy, en un moment où la situation était de nouveau difficile. On dut prélever, sur le crédit en rentes, affecté au paiement de l'arriéré, la somme nécessaire pour acquitter 7 millions en numéraire, dont le paiement avait été stipulé par un arrangement conclu le 28 octobre 1819, pour l'exécution du traité du 17 décembre 1801 entre la France et la Régence d'Alger, qui avait fourni du grain pendant la Révolution.

D'autre part, la masse des reconnaissances de liquidation formait un total de 300 millions; l'échéance du remboursement du premier cinquième, s'élevant à 60 millions, arrivait en 1821, et les porteurs avaient le droit d'exiger leur paiement en numéraire.

Un employé disgrâcié pour la publication d'une brochure sur les finances, M. Bricogne [1], que le ministre rappela à la direction des fonds, imagina alors un système d'annuités payables en six années et donnant, soit 6 % net d'intérêt, soit 6 % avec une retenue de 2 %, pour former un fonds commun réparti en primes par six tirages au sort annuels, qui offraient la chance de lots de diverses sommes allant de 50.000 francs à 250 francs.

Telle fut la séduction offerte par ces ingénieuses annuités qu'elles furent préférées par presque tous les porteurs de reconnaissances au remboursement immédiat.

Le Trésor royal possédait 12.514.220 francs de rentes provenant de restes des diverses créations de rentes allouées pour des budgets antérieurs dont l'Etat n'avait pas encore fait usage et dont il devenait cependant indispensable de réaliser le montant.

Le comte Roy procéda à la vente de ces rentes avec publicité et concurrence, et sur soumissions cachetées. L'adjudication eut lieu le 9 août 1821. Elle fut faite au prix de 85,55 à une Compagnie formée de MM. Baguenault et Cie, Delessert et Cie, Hottinguer et Cie. Ce nouveau mode de donner l'emprunt par adjudication au plus offrant établit une rivalité favorable au crédit du Gouvernement. Les emprunts précédents avaient été négociés au prix moyen d'environ 57 francs.

(1) Ancien collaborateur de Barbé Marbois et du baron Louis, Bricogne avait déjà signalé sa rentrée à la trésorerie par la découverte d'un déficit d'un million huit cent mille francs, volés par le caissier Matteo.

Gaudin, duc de Gaète, fut nommé gouverneur de la Banque de France et une loi autorisa le partage des bénéfices que cet établissement tenait en réserve depuis sa création, répartition qui s'éleva à 202 francs par action.

II

Le 14 décembre 1821, Villèle, député de la Haute-Garonne, prit le portefeuille des finances et reçut, l'année suivante, la présidence du Conseil.

En 1823, le ministre proposa à la Chambre une intervention française en Espagne pour abolir une constitution parlementaire que les libéraux espagnols avaient imposée au roi Ferdinand VII et rendre à celui-ci son pouvoir absolu.

On prévoyait une dépense de 100 millions pour cette guerre. Le crédit fut voté et l'on affecta, pour le paiement, les ressources supplémentaires du budget de 1823, 10.287.106 francs; l'excédent des recettes sur les dépenses du budget de 1822, 32.658.801 francs, et une création de rente 5 % consolidés de 23 millions, dont 4 furent attribués à la guerre; les 19 autres devant servir à l'extinction des arriérés à solder. La maison Rothschild fut adjudicataire au prix de 89 fr. 55.

A peine arrivée à Vittoria, l'armée expéditionnaire se trouva dans le dénuement le plus complet. A ce moment Ouvrard se présenta au quartier général du duc d'Angoulême, qui commandait en chef, et lui proposa de lui fournir des vivres. Le prince fut bien forcé d'accepter. Il écrivait de Tolosa à Villèle : « Comment a-t-on pu ignorer que depuis plus d'une année les ordres du ministre de la guerre n'étaient pas exécutés? Et comment ne savait-on pas qu'un négociant spéculait sur cette imprévoyance et rassemblait de tous côtés d'immenses approvisionnements? C'est au moment d'entrer en campagne que cette situation se découvre! Que faire dans une situation semblable? Je n'avais d'autre parti à prendre que d'acheter à qui possédait, afin de ne pas rester dans la disette au milieu de l'abondance. Il n'y avait pas à choisir entre M. Ouvrard ou tout autre. Il tenait entre les mains les destinées de l'armée, le succès de la campagne. »

« Savez-vous, disait Villèle à Ouvrard, que si je n'avais pas eu peur que M. le duc d'Angoulême ne nous laisse en plan, je vous aurais fait arrêter. »

Dans de telles conditions, la guerre coûta plus du double de ce qu'on avait prévu : 174 millions dépensés pour la campagne et 33 millions pour l'entretien du roi et de l'armée de la Foi.

C'est en 1825 seulement que fut terminé l'examen des comptes de la guerre d'Espagne. Le général comte Guilleminot et le général comte Bordesoulle, tous deux pairs de France, furent incriminés, puis mis hors de cause par la Chambre des pairs. Ouvrard, renvoyé devant les tribunaux ordinaires pour tentative de corruption non suivie d'effet, fut acquitté. Deux de ses commis seulement furent condamnés à six mois d'emprisonnement et à une amende.

III

Le Trésor avait à payer, au commencement de 1823, en sus des intérêts des 5 % consolidés, les reconnaissances de liquidation qui arrivaient à échéance. Pour subvenir à ces divers besoins, y compris ceux de la guerre, le ministre des finances avait à sa disposition les 19 millions de rentes affectés au paiement de l'arriéré et les 4 millions de rentes dont la création était autorisée; mais l'emploi de ces ressources devait être fait avec prudence. Le cours moyen des rentes 5 %, en mars 1823, était de 79 francs. A ce taux, les 23 millions n'auraient produit que 365.209.353 francs. Pour parer au remboursement des reconnaissances de liquidation, Villèle fit un emprunt de 100 millions de 5 % à la Banque de France et, pour faire face à la dépense de la guerre, il émit à concurrence de 74 millions de bons royaux à 5 % sur lesquels on exigea une commission de 1 1/2 et qui retombèrent successivement au taux de 3 1/2 %.

Cette opération augmenta de 4 millions la dette flottante, mais n'en fut pas moins avantageuse, les 23.114.516 francs de rentes, négociées le 23 juillet 1823, avec publicité et concurrence au plus offrant, ayant été adjugées à la maison Rothschild au cours de 19 fr. 55, ce qui a donné une augmentation de capital d'environ 48.762.387 francs.

Par traité du 29 janvier 1824, le Gouvernement espagnol fut reconnu débiteur d'une somme de 34 millions, tant pour l'avance de 11.877.731 francs qui lui avait été faite en espèces que pour les sommes employées à habiller, nourrir et armer les troupes royalistes; puis, par suite de frais qu'entraîna l'occupation de diverses places espagnoles, le Gouvernement constitua une nouvelle créance de 24 millions, soit en tout 58 millions dont elle se reconnut redevable envers la France.

IV

Au mois d'avril 1824, Villèle présenta à la Chambre des députés un projet de loi pour autoriser la substitution des rentes 3 % à celles déjà créées par l'Etat à 5 %, soit qu'il eût opéré par échange des 5 contre des 3 %, soit qu'il eût remboursé les 5 au moyen de la négociation des 3 %.

Il représenta que le 5 % était alors à environ 102,50. « Il serait à 110 et 115, dit-il dans l'exposé des motifs, si la loyauté du Gouvernement ne l'eût porté à laisser pénétrer ses desseins à mesure qu'il a conçu l'espérance de le réaliser. »

L'annonce de cette opération, qui portait sur un chiffre de près de 3 milliards, produisit en France une vive émotion. La Chambre des députés adopta le projet; mais il fut rejeté par celle des pairs, où l'archevêque de Paris, de Quélen, prit la défense des petits rentiers, qui se plaignaient de voir leurs intérêts sacrifiés par une Chambre presque exclusivement composée de propriétaires terriens.

Sur ces entrefaites mourut Louis XVIII (septembre 1824), et Villèle, sous le nouveau règne, ne tarda pas à revenir à son projet de conversion de la rente.

Le but que se proposait le ministre n'était pas une simple mesure financière et économique. Par la réduction du 5 % en 3 %, il se proposait d'obtenir un milliard de bénéfice, qu'il comptait employer à faire cesser un état de malaise et d'inquiétude qui persistait depuis le début de la Restauration et mettait en face les uns des autres, comme des adversaires irréconciliables, les acquéreurs de biens nationaux et leurs anciens propriétaires revenus de l'émigration. La charte garantissait en vain la légitime propriété aux acquéreurs de ces biens; ceux-ci pouvaient toujours craindre que le Gouvernement ne prêtât l'oreille au parti des ultra-royalistes qui réclamaient la suppression de tout ce qui s'était fait depuis 1789. Villèle estima qu'il y avait lieu de rassurer les acquéreurs de biens nationaux en donnant aux émigrés une indemnité pécuniaire après laquelle ils n'auraient plus à revendiquer leurs anciennes possessions.

Il donna le pas à ce projet sur celui de la conversion, à laquelle il était d'ailleurs subordonné. Les pertes subies par les émigrés montaient, d'après les déclarations des intéressés, au total de 987.819.962 francs 96 centimes. Le ministre se bornait à demander pour eux un dixième de cette somme, c'est-à-dire une indemnité de 30 millions de rentes 3 % au capital d'un milliard, payable par cinquièmes à partir du 22 juin 1825 jusqu'au 22 juin 1829.

Le projet fut voté à la Chambre, malgré les efforts de l'opposition, par 259 voix contre 124. Combattu plus vivement encore à la Chambre des pairs, il y fut aussi voté par 134 voix contre 92.

Villèle reprit alors son projet de conversion.

La loi ayant imposé au Trésor l'inscription et le service de 30 millions de rentes nouvelles, il proposait d'une part d'appeler les revenus généraux de l'Etat à fournir la moitié des intérêts annuels de la nouvelle dette, soit 3 millions; d'autre part de charger l'amortissement de servir la seconde moitié de ces intérêts, 3 autres millions, en rachetant chaque année cette même moitié des rentes nouvelles.

Le projet fut rapporté par M. Huerne de Pommeuse, qui conclut à l'adoption du taux de 3 % à 75 francs ou bien à celui de 4 1/2 % au pair, avec garantie contre le remboursement jusqu'au 22 septembre 1835 : « Partout, disait-il, le crédit est en progrès, donc, partout, l'intérêt doit décroître. Le principe est simple. Que la paix subsiste, il fera le tour du monde. Frayons-lui la route et attachons le nom de la France à ce mémorable événement. »

Villèle faisait ce raisonnement ingénieux : « Si l'intérêt n'est pas réellement inférieur à 5 %, il n'y aura pas de conversion, puisqu'elle est facultative : en effet, comment pourrait-on prendre du 3 % si l'intérêt de l'argent n'était point tel qu'il fasse craindre le remboursement du 5 au pair au moyen d'un emprunt à 3 % ? » C'était justement parce que l'intérêt était réellement au-dessous de 5 que la crainte de la conversion maintenait la rente au-dessus du pair.

D'autres signes indiquaient que le taux de l'intérêt n'était plus à 5 %. En Angleterre, les 3 % étaient à 93 1/2, les 4 % à 106 francs. En Danemark, les 5 % étaient à 102, les 4 % à 102. En Hollande, les 2 1/2 % étaient à 58 1/2, les 4 1/2 à 99 1/4. En Russie, les 5 % étaient à 102 1/2. En Autriche, les 2 1/2 % à 54 1/2.

En France, les capitaux étaient chers et l'intérêt de l'argent venait accroître le prix de fabrication, de navigation et d'exploitation. Il en résultait que nous ne pouvions lutter contre la concurrence de l'étranger.

Le projet fut vivement attaqué. Les adversaires de Villèle allèrent jusqu'à l'accuser d'avoir un intérêt personnel dans la conversion. M. de La Bourdonnais incrimina sa probité. Casimir-Périer parla de combinaisons demeurées secrètes entre les capitalistes et Villèle : « La hausse, qui était de 102, dit-il, s'est subitement élevée à 105, 106, élévation factice, intéressée dans un but de spéculation évidente. »

La proposition, votée à la Chambre des députés par 237 voix contre 119, fut portée devant la Chambre des pairs. Le duc de Lévis, rapporteur, présenta une note du grand mathématicien Laplace, qui prouvait, par un calcul irréfutable, que le Gouvernement, en dirigeant convenablement l'action de l'amortissement, devait, par la réduction de l'intérêt, bénéficier plus que de l'excédent du capital de la rente nouvelle.

En dépit des violentes attaques de Roy et de Chateaubriand, la loi fut votée par la haute Assemblée à une majorité de 134 voix contre 92.

Les rentes 5 % présentées à la conversion s'élevèrent à 31.723.956 francs, dont 30.574.116 francs furent convertis en

3 % et 1.149.840 francs furent convertis en 4 1/2 %. 130 millions restèrent entre les mains des porteurs des 5 % (1).

V

Les nègres de Haïti s'étaient soulevés en 1791 et avaient pillé et dévasté les plantations. Après plusieurs expéditions faites contre eux, la France reconnut l'indépendance de l'île en 1825; mais le gouvernement haïtien devait, en retour, payer aux anciens colons une indemnité de 150 millions qui fut réduite à 90 millions en 1838.

La République noire envoya en France trois commissaires pour négocier un emprunt de 30 millions destiné au paiement du premier cinquième de l'indemnité. Ils étaient divisibles en trente annuités de 1.000 francs chacune, portant 6 % d'intérêt et remboursables annuellement par vingt-cinquièmes au moyen de tirages au sort. Le paiement de l'emprunt devait s'effectuer à raison de 6 millions de mois en mois à partir du 8 novembre 1825.

L'emprunt fut mis en adjudication le 3 novembre 1825 chez M. Ternaux, mais le minimum de 90 francs, fixé par les commissaires haïtiens, n'ayant pas été atteint, la négociation fut traitée à l'amiable, au prix de 80 francs, avec une compagnie composée de MM. Jacques Laffitte (2) et Cie, le Syndicat des

(1) Les rentes réduites par la conversion furent inscrites au Grand-Livre, savoir :

En 3 % pour	24,459,035 fr.
En 4 % pour	1,034,764 fr.
Ensemble pour	25,493,799 fr.
Et donnèrent une économie de	6,230,157 fr.
sur l'ancien chiffre 5 % de	31,723,956 fr.

économie qui fut appliquée au dégrèvement des contributions directes à dater de 1826.

(2) Laffitte, né à Bayonne en 1767, était fils d'un charpentier père de dix enfants. Il vint à Paris en 1788 et entra comme commis chez le banquier Perregaux à qui il succéda plus tard. Il fit une vive opposition à la Restauration et contribua, pour une large part, à l'établissement du gouvernement de Juillet. Sa fortune était, en 1825, de 25 à 30 millions.

Receveurs généraux, MM. de Rothschild, J. Hagermann, Blanc-Colin et Cie, Harduin-Hubbart et Cie, César de Lapanouze, Paravey et Cie.

VI

Les travaux publics prirent un grand développement sous la Restauration. La Ville de Paris contracta un emprunt de 400 000 francs de rentes pour l'ouverture du canal Saint-Martin.

Le Gouvernement, de son côté, pour faire construire des canaux sur différents points du territoire, passa des conventions avec MM. Urbain Sartoris, Humann, Florent Saglio, Renouard de Bussière, Froidefon de Bellisle.

La Compagnie Sartoris prêta 3 millions pour l'amélioration de la navigation de l'Oise, depuis le canal de Manicamp jusqu'à la Seine. Les canaux de la Corrèze et de la Vezère furent construits, ainsi que celui de Roubaix.

Les premiers essais de chemins de fer en France eurent lieu en 1823 entre Lyon et Saint-Etienne.

En 1825 une compagnie s'organisa sous le nom de Société commanditaire de l'Industrie. Elle comprenait la plupart des noms connus de la banque et du haut commerce français.

La prospérité croissante du pays et des finances avaient permis, en 1826, un dégrèvement de 19 millions à la propriété; mais les luttes des partis n'en étaient pas moins violentes dans les deux Chambres. Les plus odieuses imputations étaient dirigées contre Villèle, sur qui les ultra-royalistes et les libéraux combinaient leurs attaques.

Le député Agier accusait le ministre de renouveler, en les exagérant, les procédés de l'abbé Terray. D'autres parlaient d'agiotage et de prévarication.

La discussion du budget de 1828 fut fréquemment interrompue par des discussions politiques. Villèle put cependant obtenir 8 millions sur un excédent qu'il prévoyait pour allocation au clergé, à l'armée et à la marine.

Avant de prendre une retraite que l'acharnement de ses adversaires rendait désormais inévitable à bref délai, Villèle adopta encore une importante mesure financière qu'il importe de signaler.

Il régla la spécialité des crédits dans lesquels les ministres auraient à renfermer leurs dépenses. Dans ce but il divisa le budget en sections spéciales qui limitaient les dépenses de chaque service et qui servaient de base aux répartitions annuelles, non par articles, mais par chapitres. Désormais le projet du budget général de l'Etat devait présenter distinctement l'évaluation des dépenses par branche principale de service.

Quant aux dépenses imprévues et urgentes, elles devaient être autorisées par ordonnance royale et régularisées à la session suivante par des crédits extraordinaires.

———×———

CHAPITRE II

La Révolution de 1830

I. La fin de la Restauration. — II. Les débuts du Gouvernement de Juillet. — III. Le ministère Laffite.

I

Villèle tomba du pouvoir en décembre 1827, à la suite d'élections qui donnaient à la Chambre des députés une majorité aux opinions libérales, dont il était l'adversaire. Il avait profondément blessé l'opinion publique par sa politique rétrograde et autoritaire. Aussi les jugements portés sur une administration qui dura cinq ans ont-ils été sévères. Il faut rendre justice, cependant, à ces capacités financières incontestables. Si son aveuglement royaliste a pu faire qualifier son ministère de déplorable, son œuvre économique, au contraire, ne mérite que des éloges : il assura la prospérité des finances françaises en favorisant habilement le mouvement ascendant du crédit, les efforts de l'industrie manufacturière et le développement du commerce extérieur.

Un nouveau ministère fut formé le 4 janvier 1828; il n'y eut pas de président du Conseil; mais M. de Martignac en était l'homme important. Il donna son nom au cabinet.

Le comte Roy, qui possédait la confiance de la Banque, eut le portefeuille des finances. Il présenta, le 15 avril, un projet d'emprunt de 4 millions de rentes 5 % destinés à pourvoir aux événements que les affaires d'Orient faisaient prévoir. La bataille de Navarin venait d'avoir lieu (1) et la France achevait d'assurer l'indépendance de la Grèce par l'expédition de Morée.

Le dernier ministère de Roy fut marqué par une refonte des monnaies et par une mesure favorable aux caisses d'épargne, qui aida à leur développement.

En 1829, il y avait encore plus de 700 millions de pièces d'or de 48 livres, de 24 livres et de 12 livres; d'écus de 6 livres, de pièces de 24 sols, de 12 sols et de 6 sols tournois. Roy les fit retirer de la circulation et refondre en monnaies nouvelles.

Quant aux Caisses d'épargne, elles étaient alors en enfance; il n'en existait que douze pour la France entière. Le ministre leur donna la faculté de placer leurs fonds au Trésor, moyennant un intérêt de 4 % pour 1829 et 1830.

II

Le 8 août 1829, après le vote du budget de 1830 et la clôture de la session, parut une ordonnance royale qui créait le ministère Polignac.

Moins d'un an après éclatait la Révolution de juillet 1830, à laquelle la banque et le haut commerce parisien avaient contribué pour une large part. Le banquier Jacques Laffitte, célèbre par ses largesses et son dévouement à la cause libérale, joua surtout dans l'événement un rôle considérable. Il fut le premier à déférer au duc d'Orléans la lieutenance du royaume, puis la couronne; mais cette crise politique, qui devait plus tard permettre à la prospérité publique de prendre un plus large

(1) La bataille de Navarin avait fait baisser la Bourse, influencée sans doute par l'opinion anglaise, qui voyait avec regret la destruction de la puissance maritime des Turcs. L'événement n'avait été ni voulu ni prévu. C'était une sorte de malentendu résultant de la mise en présence des forces navales. Lord Palmerston l'appelait « an awkward event ».

essor, se prolongea pendant plusieurs années par des agitations dans la rue.

La confiance et le crédit, encore une fois ébranlés, ne purent se raffermir qu'au bout de cinq à six ans, pendant lesquels les classes populaires et le monde du commerce eurent à souffrir du chômage et de la stagnation des affaires.

La première préoccupation du ministère, constitué sous la présidence même de Louis-Philippe, fut d'assurer des ressources aux ouvriers et aux industriels ou négociants.

Plusieurs mesures furent proposées. Le baron Louis, ministre des finances, fut d'avis d'assurer la garantie de l'Etat jusqu'à concurrence de 60 millions, à tous les prêts qui, après avis favorable des commissaires institués à cet effet, seraient consentis par des particuliers ou des sociétés particulières sur des immeubles, marchandises et autres valeurs représentant la valeur de la somme avancée.

La Chambre n'accepta pas ce projet et se rallia à un amendement de MM. Benjamin Delessert et Duvergier de Hauranne, dont l'objet était d'ouvrir au ministère des finances un crédit de 30 millions pour être employés en prêts et en avances au commerce et à l'industrie, avec réserve des sûretés convenables pour garantir les intérêts du Trésor.

Cinq millions furent votés aussi pour l'exécution de travaux publics destinés à occuper les ouvriers.

L'irritation était violente contre la dynastie déchue et ses ministres. On réclamait à la fois la peine de mort contre ceux-ci et le séquestre des biens de Charles X et de sa famille. Le baron Louis qui, en 1814, avait proposé cette dernière mesure à l'égard de Napoléon et de ses frères et sœurs, se montra plus modéré en cette circonstance et déclara qu'un tel acte serait révolutionnaire et odieux.

Cependant les émeutes et les manifestations n'en continuaient pas moins dans Paris. La situation était grave. Louis-Philippe fit appel à des hommes d'une grande popularité pour tâcher de rendre du calme aux esprits. Il donna la présidence du Conseil à Laffitte, qui prit en même temps le portefeuille des finances.

Le grand banquier était aimé du roi et très en faveur près de la bourgeoisie. Malheureusement la révolution, qu'il avait appelée de tant de vœux, avait dérangé sa fortune, et Louis-Philippe, pour lui permettre de prendre le pouvoir, dut lui faire une avance de 8 millions sous seing privé, sur la forêt de Breteuil, qui lui appartenait, et dut garantir par sa signature les emprunts qu'il fit à la Banque de France.

Au point de vue financier, Laffitte eut d'abord à s'occuper du budget de 1831.

Charles X avait dissous la Chambre et annulé les élections qui avaient eu lieu ensuite, sans qu'un projet de budget ait eu le temps d'être élaboré. Quatre douzièmes provisoires furent votés.

Une somme de 65.290.000 francs de dépenses, faites par le régime précédent sans l'assentiment du Parlement, fut présentée à l'acceptation de la Chambre. Au nombre de celles-ci figuraient les expéditions de Morée et d'Alger; une somme de 500.000 francs prêtée à la Grèce pour l'aider à s'organiser; des travaux divers pour la marine et les canaux. La plupart de ces dépenses étaient soldées, sauf celle de l'expédition d'Alger, compensée en partie par les trésors et les approvisionnements trouvés dans le palais du dey. Ce projet de loi fut voté par les deux Chambres et promulgué le 5 janvier 1831.

Le même jour était publiée une loi portant que 3 millions de rentes, restés disponibles sur le milliard voté par la Restauration aux émigrés, seraient appliqués aux dépenses extraordinaires nécessitées par l'état de l'Europe, qui obligeait la France à de grands armements. Le péril, en effet, n'était pas moins redoutable au dehors qu'à l'intérieur. Le Gouvernement de Juillet avait à ses débuts, pour adversaires secrets ou déclarés, la plupart des monarchies de l'Europe, sauf l'Angleterre.

Le Gouvernement fut autorisé à élever à 150 millions la circulation des bons du Trésor, avec la faculté, en cas de besoin, d'une émission supplémentaire sur simple ordonnance royale soumise à la sanction législative dans la prochaine session.

Malgré tant de besoins de toutes sortes, Laffitte, cédant à la pression de l'opinion publique, à laquelle il crut nécessaire de donner quelque satisfaction, proposa et fit proposer une réduction de droits sur les boissons, qui causa au Trésor une perte annuelle de 40 millions. On essaya d'y suppléer en substituant, pour les trois impôts : personnel, mobilier et des portes et fenêtres, le régime de la quotité à celui de la répartition.

La gauche réclamait aussi une réduction sur le droit de timbre, dont les journaux étaient frappés. Mais Laffitte invoqua les intérêts du Trésor pour en demander le maintien, qui fut adopté.

III

Pendant que l'émeute était en permanence à Paris, le ministre des finances avait à s'acquitter à la Chambre d'une mission délicate. Il devait faire voter la liste civile du roi.

La gauche de l'Assemblée et les chefs des Associations populaires affectaient de considérer Louis-Philippe comme le chef d'une République. Ils alléguaient ce qu'ils appelaient le « programme de l'Hôtel de Ville », et, avec la nomination par le peuple de tous les magistrats, réclamaient « le gouvernement à bon marché », par la réduction du budget aux proportions les plus exiguës et la suppression immédiate d'une grande partie des impôts.

Aussi Laffitte causa-t-il quelque étonnement quand, réclamant une dotation annuelle pour Louis-Philippe, il indiqua le chiffre de 18 millions comme le strict nécessaire. Il demandait en même temps 12 millions pour les cinq mois écoulés de 1830.

Ce projet n'aboutit pas alors à la discussion. Plus tard, le chiffre de la liste civile, réduit à 12 millions, fut adopté, mais non sans effort.

Louis-Philippe s'était occupé de mettre sa fortune à l'abri des événements. Par un acte authentique en date du 7 août 1830, il l'avait fait passer sur la tête de ses enfants.

Le nouveau trône était bien précaire pendant ces premières années du règne. Il paraissait toujours sur le point d'être emporté par la guerre civile ou la guerre extérieure. Le choix ne semblait laissé à Louis-Philippe qu'entre les deux catastrophes, et son fils, le duc d'Orléans, disait : « Mieux vaut tomber sur le Rhin que dans le ruisseau de la rue Saint-Denis. »

A ces inquiétudes s'ajoutait l'état alarmant des finances. Laffitte évaluait à 1 milliard 167 millions les dépenses du budget de 1832, chiffre qui dépassait de 300 millions le dernier budget de la Restauration.

La chute du cabinet et la dissolution de la Chambre étaient prévues quand Laffitte demanda un crédit supplémentaire et facultatif de 200 millions en bons du Trésor, pour faire face aux besoins extraordinaires de l'Etat. Il ne les obtint qu'avec difficulté d'une majorité irritée ou ombrageuse.

« Ce n'est probablement pas pour moi que je demande cette loi, » avait-il dit. En effet, le 3 mars 1831, il se retirait à la suite du sac de Saint-Germain-l'Auxerrois et de l'archevêché. Le mauvais état de ses affaires l'obligeait aussi à la retraite.

Louis-Philippe, préoccupé de ses sûretés, avait voulu donner des formes plus régulières à la transaction sous seing privé qu'il avait passée avec Laffitte et il avait fait enregistrer l'acte. Dès lors les embarras de Laffitte devinrent si évidents qu'il dut procéder à une liquidation.

CHAPITRE III

Louis-Philippe

I. Casimir Périer et le baron Louis. — II. L'indemnité aux Etats-Unis. — III. Projet de conversion. — IV. La loterie et la ferme des jeux. — V. M. Humann. — VI. Le début de la session de 1848.

I

Casimir Périer [1] succéda à Laffitte à la tête du ministère le 13 mars 1831, et le portefeuille des finances fut confié au baron Louis, ministre pour la cinquième fois. C'est à cette époque qu'il dit à Casimir Périer ce mot si souvent cité : « Faites-moi de bonne politique, je vous ferai de bonnes finances. »

L'équilibre était déjà rompu entre les ressources et les besoins du Trésor. Louis réussit d'abord à réaliser un précédent emprunt de 80 millions qui n'avait pas abouti; puis il parvint, par des centimes additionnels, à faire augmenter de 60 millions la contribution foncière. Il combla aussi une partie du déficit par différentes mesures, notamment par une retenue variant de 2 à 25 % sur tous les traitements, remises, salaires, pensions et dotations payés sur les fonds du budget et supérieurs à 1.000 francs.

L'ère des difficultés n'était pas terminée pour le Gouvernement de Juillet. Avec une énergie audacieuse, Casimir Périer répondit

(1) Fils du riche banquier Claude Périer, un des fondateurs de la Banque de France, Casimir Périer avait créé à Paris, en 1802, une grande maison de banque avec son frère Ant. Scipion.

aux menaces de l'Europe par la destruction des forts de Lisbonne, l'occupation d'Ancône et l'intervention en faveur de l'indépendance de la Belgique. Mais le commerce et la production n'en restaient pas moins paralysés. Le chômage atteignait surtout les industries de luxe. A Lyon éclata une insurrection formidable causée par la misère des ouvriers en soieries. Il fallut envoyer une armée pour reprendre la ville, tombée en leur pouvoir. Des conspirations se nouaient partout. On conspirait pour la République, pour l'Empire, pour Henri V, et la Vendée se soulevait à l'appel de la duchesse de Berri.

A tous ces maux, qui firent des premières années du règne de Louis-Philippe une des périodes les plus agitées de notre histoire, le choléra vint bientôt ajouter ses ravages et emporta le ministre dont la main vigoureuse semblait seule soutenir le nouveau trône si fragile.

II

Le cabinet où il fut remplacé par M. de Montalivet ne survécut que peu de temps à Casimir Périer. Le 11 octobre 1832 était formé un autre ministère où figuraient, sous la présidence nominale du maréchal Soult, le duc de Broglie, Guizot et Thiers avec M. Humann comme ministre des finances.

La situation du Trésor était satisfaisante. La Chambre avait terminé, le 4 avril, la longue discussion du budget de dépenses de l'année courante. Il était inférieur de 79 millions à celui de 1831.

Excellent comptable et bon administrateur, M. Humann fut peut-être un peu trop fiscal. Sa maxime était : « Il faut faire rendre à l'impôt tout ce qu'il peut rendre. »

Sous sa direction, la Chambre ne fut plus forcée de discuter le budget d'une année déjà commencée et d'employer l'humiliant expédient des douzièmes provisoires, auxquels la Restauration avait dû si souvent avoir recours. La régularité reparut dans les finances au moyen du vote presque simultané des budgets de 1838 et 1834. Ce vote mit fin aux demandes continuelles de crédits supplémentaires en même temps qu'une loi sur l'amortissement affermissait les bases du crédit public.

Des difficultés très sérieuses survinrent vers ce temps entre la France et les Etats-Unis. Le Gouvernement de Washington réclamait une indemnité pour des bâtiments américains capturés sous le régime impérial par des navires français. Le chiffre de cette indemnité, que Napoléon lui-même avait reconnu légitime, avait été réduit à 25 millions par un accord signé à Paris le 4 juillet 1831; mais ce ne fut qu'en 1834, cependant, qu'un projet de loi portant paiement de cette créance fut présenté à la Chambre.

Une partie de l'opposition combattit le principe même de l'indemnité, qu'elle représenta comme un acte de faiblesse, et le projet fut rejeté à six voix de majorité.

Il en résulta une crise ministérielle, pendant qu'à Washington, le président Jackson, caractère altier et peu conciliant, menaçait de se saisir de tous les biens des Français en Amérique jusqu'à concurrence de 25 millions. L'indemnité fut enfin votée en 1835.

III

Pour soulager les classes ouvrières, qui souffraient encore de la grande perturbation économique causée par la Révolution, le Gouvernement obtint des Chambres une centaine de millions qui furent consacrés à des travaux publics.

L'ordre était enfin rétabli dans Paris, et la production avait pris en 1835 un essor rapide. La facilité donnée aux échanges par les canaux, les institutions de crédit, les valeurs des Compagnies de chemins de fer en création ouvraient pour la France une période de prospérité dont commençaient à se ressentir toutes les classes de la nation et qui s'était annoncée déjà lors de l'Exposition de l'industrie, en 1834 [1].

Le 14 janvier 1836, sans s'être concerté avec ses collègues du cabinet, M. Humann exprima son opinion personnelle, favorable à la réduction des rentes, en offrant le remboursement aux créanciers de l'Etat qui n'accepteraient pas cette réduction. Les autres ministres, justement froissés qu'une question si grave ait été ainsi introduite dans les débats, obligèrent M. Humann à se démettre de ses fonctions et il fut remplacé aux finances par M. d'Argout.

Mais la conversion comptait beaucoup de partisans dans la Chambre, où les propriétaires terriens étaient en majorité. Le projet fut repris par le député Goüin et discuté le 4 février.

L'intérêt normal n'est plus à 5, fit-il valoir; à peine atteignait-il 4 pour les capitaux; il était à 3 pour les terres, et le Trésor émettait ses bons à 2 %.

D'ailleurs, en remboursant à 100 francs les rentes émises en moyenne à 73, et pour lesquelles il avait payé durant nombre d'années un intérêt annuel de 6,80, l'Etat ferait bénéficier ses créanciers de 27 francs de capital. Au point de vue financier, la mesure procurait au Trésor des ressources considérables, et, au point de vue politique, elle constaterait la puissance financière de la France.

Le ministère, tout en reconnaissant que la conversion avait des avantages, déclara qu'elle était encore prématurée et qu'il y avait lieu d'attendre des taux plus élevés qui résulteraient des progrès de la prospérité et de l'ordre public.

(1) Elle avait eu lieu sur la place de la Concorde.

Comme quelques membres insistaient encore et affectaient de trouver dans les paroles du ministre l'annonce de cette mesure à bref délai, le duc de Broglie, président du Conseil des ministres, fit cette déclaration qu'on lui a souvent reprochée comme étant d'un ton peu parlementaire : « On nous demande si le Gouvernement est dans l'intention de proposer la mesure, je réponds non, est-ce clair ? »

Peu de jours après, cependant, M. Goüin, reprenant son projet sous une autre forme, proposa d'autoriser le ministre des finances à donner aux porteurs qui en feraient la demande dans un délai déterminé en échange de leurs titres, soit des rentes 4 %, auxquelles seraient annexées des annuités de 1 franc payables pendant six ans, soit des rentes 3 %, auxquelles seraient annexées pareilles annuités payables pendant treize années, et à emprunter, avec publicité et concurrence, en rentes 4 ou 3 % les sommes nécessaires pour rembourser au pair de 100 francs les rentes 5 % dont les titulaires n'auraient pas demandé la conversion.

Le Gouvernement demanda l'ajournement, qui fut rejeté, et le ministère donna sa démission; mais la proposition de conversion ne fut cependant reproduite qu'en 1838. Discutée et adoptée alors à la Chambre des députés, elle fut repoussée à la Chambre des pairs, pour reparaître en 1840, où elle fut également ajournée.

IV

La loterie, institution de l'ancien Régime, supprimée par la Révolution, avait été rétablie en l'an VI. Elle fut de nouveau abolie le 1er janvier 1836.

Pendant les trente-huit ans qu'elle avait duré depuis son rétablissement, les mises s'étaient élevées à près de 2 milliards et les lots gagnants à 140.000 francs par mois. En déduisant les remises aux receveurs et les frais d'administration, le bénéfice net était de 385 millions (10 millions environ par an).

Un autre sacrifice fut fait à la moralité publique par la suppression de la ferme des jeux, le 31 décembre, à minuit. Cette ferme était adjugée ordinairement au prix de 6 à 7 millions. On a calculé que les frais de cet établissement pouvaient aller à 1.700.000 francs et que le bénéfice net sur l'entreprise variait entre 1.500.000 et 1.600.000 francs.

V

Pendant la suite du règne de Louis-Philippe, le portefeuille des finances fut tenu successivement, après le comte d'Argout, par MM. H. Passy (intérim), le comte Duchâtel (6 septembre 1836), Lacave-Laplagne (15 avril 1837), Martin du Nord (intérim), Gautier (31 mars 1839), H. Passy (2 mai 1839), Pelet, de la Lozère (1er mars 1840), Humann (29 octobre 1840), Lacave-Laplagne (25 avril 1842), Dumon (9 mai 1847).

M. Humann a été celui de tous ces ministres dont le rôle fut le plus marquant. C'est sous son administration que fut votée la grande loi des chemins de fer, ordonnant la construction d'un réseau général formé par les six grandes lignes de Paris à la frontière belge, au littoral de la Manche, à Strasbourg, à Marseille et Cette, à Nantes et Bordeaux.

L'exécution en devait être opérée par le concours de l'Etat, des départements, des communes et des Compagnies. M. Dufaure fut le rapporteur de la Commission chargée de l'examen des voies et moyens.

Plusieurs lignes étaient déjà construites ou en construction depuis quelques années, notamment celles du chemin de fer de Paris à Versailles et Saint-Germain; mais aucun plan systématique n'avait encore été adopté et, à différentes reprises, les Chambres avaient dû voter des lois pour venir en aide aux Compagnies, qui n'aboutissaient pas sans le secours de la puissance publique, leur accordant des prêts et des garanties d'intérêt.

Du ministère Humann datent aussi la construction et l'organisation du service des paquebots transatlantiques français.

La situation européenne restait inquiétante, et, tout en développant son outillage industriel et commercial, la France ne devait pas négliger son armement.

Le cabinet, dans la session 1841, reprit le grand projet relatif aux fortifications de Paris, qu'il avait déjà présenté précédemment, et le fit adopter par les deux Chambres. Les premières dépenses occasionnées par ces immenses travaux, ainsi que les ordonnances de 1840, qui créaient de nouveaux régiments et augmentaient notablement le matériel de l'armée, avaient élevé le budget de plus de 172 millions et porté le chiffre des dépenses ordinaires et extraordinaires à 1 milliard 288 millions.

Il fallait abandonner pour longtemps tout espoir d'équilibrer les dépenses avec les recettes.

Pour subvenir à de si lourdes charges, M. Humann proposa un emprunt de 450 millions qui couvrirait provisoirement une partie de ce déficit, en attendant que des ressources nouvelles permissent d'employer cette somme aux travaux publics qui avaient été décidés; au reste du découvert on appliquait les réserves de l'amortissement.

Dans la discussion qui eut lieu à propos de ce milliard de déficit, M. Humann, défendant sa gestion, prouva qu'en 1833 il y avait déjà une déficit de 225 millions qui, depuis, n'avait cessé de s'accroître, et il établit que, sur le milliard de découvert, 175 millions étaient du fait de son dernier ministère et avaient servi à mettre sur un pied respectable les forces militaires et maritimes de la France.

M. Humann, fidèle à sa maxime, s'efforça de faire rendre davantage aux impôts existants, en ordonnant un recensement général des propriétés bâties, des portes et fenêtres et des valeurs locatives. Cette nouvelle répartition des contributions était prescrite par une loi de 1838.

La rigueur avec laquelle étaient perçus les impôts excita des troubles sur différents points du territoire : à Toulouse, à Clermont-Ferrand, à Lille, etc.

La Belgique, érigée en royaume indépendant, avait élu pour roi Léopold, prince de Cobourg. Le nouveau monarque, qui épousa la princesse Clémentine, fille aînée de Louis-Philippe, désirait resserrer de plus en plus les liens qui unissaient les deux pays. Il proposa, entre la France et la Belgique une union douanière qui aurait été certainement profitable à notre pays en y faisant diminuer dans une notable proportion le prix de la vie; mais les privilégiés du système protecteur, réunis chez le député Fulchiron, protestèrent avec tant de violence contre ce projet qu'il dut être abandonné.

En 1842, M. Humann, mort subitement, fut remplacé aux finances par M. Lacave-Laplagne.

La session de 1843 vit établir l'égalité des droits perçus par le Trésor sur les sucres coloniaux et les sucres indigènes, produits par nos départements du Nord, où la fabrication du sucre de betteraves, fondée par Napoléon pendant le blocus continental, ne cessait de s'accroître et produisait de grands bénéfices.

En 1846, la Chambre des députés vota la diminution des deux tiers de l'impôt sur le sel; mais la Chambre des pairs rejeta cette réforme. En revanche, les deux Chambres furent d'accord pour voter 93 millions pour notre flotte et nos arsenaux maritimes; elles accordèrent de plus 63 millions pour l'achèvement de nos canaux et pour d'autres travaux relatifs à la navigation.

VI

La récolte de 1845 avait été mauvaise; celle de 1846 fut pire encore, et une maladie sur les pommes de terre aggrava la crise. Le commerce réclama l'entrée en franchise de blés étrangers et le ministère, craignant de mécontenter les protectionnistes de sa majorité, hésita à prendre ce parti qu'il finit cependant par adopter; mais il était trop tard. On était en octobre et des inondations survinrent qui empêchèrent le transport des grains arrivés d'Odessa à Marseille. Le Conseil municipal de Paris dépensa 25 millions pour empêcher la surélévation du prix du pain. Le prix des grains était monté, dans les marchés, jusqu'à 38 francs l'hectolitre.

Les spéculations effrénées qui se pratiquaient alors sur les actions de chemins de fer concoururent, avec les immenses achats de blé à l'étranger faits au dehors, à raréfier les espèces.

En même temps des demandes de numéraire venaient de l'étranger, où il était à un taux encore plus élevé que chez nous. Il en résulta une crise monétaire.

Sur la fin de l'hiver, le Gouvernement russe, bien que peu ami de celui de Louis-Philippe, lui rendit un important service; il consentit à être payé en rente française pour un capital de 50 millions, que la France lui devait à la suite de nos grands achats de blé en Russie.

A l'ouverture de la session de 1848, quelques jours avant les émeutes où devait tomber la Monarchie de Juillet, Thiers fit un grand discours sur les finances et montra que, tandis que les dépenses atteignaient 1 milliard 600 millions, chaque année n'en finissait pas moins avec un déficit. On soldait le budget ordinaire avec les réserves de l'amortissement; on soldait le budget extraordinaire avec la dette flottante [1], qu'on diminuait de temps en temps par des emprunts. La dette flottante était présentement de 750 à 800 millions. M. Garnier-Pagès ajouta qu'à la dette flottante il fallait joindre plus de 300 millions empruntés par l'Etat aux Caisses d'épargne et immédiatement exigibles. Mais il eût été juste de mettre en regard de ces chiffres les résultats obtenus : notre réseau de chemins de fer sur le point d'être terminé, nos canaux, nos ports, nos armements, le développement de la richesse publique, l'industrie fleurissant dans toutes ses branches, le crédit public agrandi et affermi, tous les éléments de prospérité dont le second Empire allait bientôt bénéficier.

La fatalité semblait conspirer avec les ennemis du régime, et de retentissants scandales avaient marqué l'année 1847. Nous n'en citerons qu'un, parce qu'il est d'ordre financier.

Deux pairs de France, MM. Teste et Cubières, anciens ministres l'un et l'autre, furent dénoncés comme ayant reçu du banquier Pelapra un pot-de-vin de 100.000 francs. Pelapra avait pris la fuite, mais les deux pairs furent traduits en jugement, le premier pour s'être laissé corrompre dans l'exercice de ses fonctions, le second pour avoir facilité la concession d'une mine au moyen de la corruption pratiquée sur un ministre d'Etat. Teste avait commencé par nier énergiquement, et la Haute Cour inclinait à le croire innocent, lorsque Mme Pelapra produisit des lettres qui ne laissaient aucun doute sur le marché intervenu entre son mari et Teste.

Celui-ci, confondu par ce témoignage, fut condamné à la prison après une vaine tentative de suicide.

Ce fait et bien d'autres eurent un retentissement profond dans toute la France.

(1) On appelle ainsi la partie de la dette publique qui n'est pas consolidée et qui se compose d'engagements à terme, de créances non réglées entièrement, des fonds de la Caisse des dépôts et consignations et des caisses d'épargne. Elle est ainsi nommée parce qu'elle varie sans cesse.

CHAPITRE IV

Le Gouvernement provisoire

I. M. Goudchaux. — II. Garnier-Pagès. — III. Les billets de banque monnaie légale. — IV. M. Duclerc. — V. Les ateliers nationaux. — VI. La situation après les journées de Juin.

I

A la Révolution de 1830, le capital s'était laissé effrayer et la confiance avait été lente à renaître. Il en était résulté une perturbation économique qui dura six années. En 1848, il en fut tout autrement. Instruits par cette expérience, banquiers, industriels, commerçants s'efforçaient, au lendemain de l'émeute, de reprendre l'œuvre de production. Ils ouvrirent leurs comptoirs et leurs ateliers presque sous le feu des barricades; mais, par un phénomène tout nouveau dans l'histoire, le travail leur refusa son concours. Les chantiers, les usines, les magasins, furent désertés pendant que des foules tumultueuses battaient aux portes de l'Hôtel de Ville, où siégeait le Gouvernement provisoire.

Alors éclata la crise que les bons citoyens s'étaient efforcés de conjurer. Le crédit fut anéanti et le commerce paralysé. Beaucoup de maisons suspendirent leurs payements. Ainsi firent la Banque de Lille et la Caisse du Commerce et de l'Industrie, la plus forte et la plus ancienne des banques par actions créées depuis 1830. Elle servait d'intermédiaire entre le commerce et la Banque de France.

La panique s'empara des porteurs de billets de banque, qui assiégèrent les guichets pour demander leur changement en numéraire. Les banquiers, à défaut des retours attendus par eux des départements, ne pouvaient plus faire face à leurs obligations. Dans les campagnes, la terreur du papier-monnaie faisait cacher l'argent. Toute transaction était arrêtée. Le grain même, sur les marchés, quoique à bas prix après une bonne récolte, ne trouvait pas d'acquéreurs.

Le 1er mars, M. Goudchaux, ministre des finances, annonça un nouveau système de crédit et d'impôts. Le Gouvernement provisoire s'engageait à présenter un budget où les impositions directes, l'octroi et le timbre de la presse périodique seraient abolis ou allégés. Du reste il acceptait les engagements antérieurs.

Après avoir prolongé du 22 février au 15 mars toutes les échéances, M. Goudchaux crut devoir annoncer l'anticipation au 15 mars du paiement du semestre des rentes 5 %, 4 1/2 % et 4 % échéant le 22 mars. Il croyait relever le crédit par une mesure qui, aux yeux des financiers expérimentés, dépassait le but qu'il voulait atteindre. Payer trop tôt n'était pas la preuve d'une gestion financière rigoureuse ni prévoyante et Desmarets, sous Louis XIV, s'était au contraire acquis l'estime et la confiance générales en ajournant tous les paiements qui arrivaient à échéance dans l'année.

Le 5 mars, M. Goudchaux se retirait, effrayé par la situation qui empirait chaque jour, et Garnier-Pagès lui succéda.

Le nouveau ministre commença par proroger les paiements à une échéance au delà du 15 mars; puis, afin de répandre le crédit et de l'étendre à toutes les branches de la production, il décida la création à Paris et dans toutes les grandes villes industrielles et commerciales, d'un comptoir d'escompte. Celui de Paris fut établi au capital de 20 millions, l'Etat et la Ville ayant fourni chacun un tiers de ce capital en renonçant à participer aux bénéfices et en garantissant, jusqu'à concurrence de leur mise, les pertes qui pourraient résulter des opérations.

Le Comptoir de Paris reçut en outre un prêt de 3 millions. Soixante-sept Comptoirs départementaux furent créés et le capital total de la fondation s'éleva à 109.249.500 francs.

II

La dette publique, au 24 février 1848, était en tout, dette flottante comprise, de 5 milliards. Le Gouvernement provisoire déclara que, sans la Révolution, la France eût été acculée à la banqueroute et promulgua divers décrets pour subvenir aux dépenses publiques; ils portaient création d'un emprunt, aliénation des forêts et domaines de la couronne, vente des diamants et de l'argenterie de l'Etat et enfin mise sous séquestre du domaine privé de l'ex-famille royale.

Toutes ces ressources étaient également illusoires. La vente des domaines, de l'argenterie et des diamants était non seulement déplorable, mais désastreuse en un temps où toutes les valeurs mobilières et immobilières étaient tombées à un prix très bas.

Quant à l'emprunt au pair, qui aurait pris à 100 francs la rente qu'on pouvait avoir à 65?

Au lieu de reconnaître la dette flottante, en consolidant à des conditions acceptables, ce qui eût évidemment soutenu le crédit de l'Etat, le Gouvernement provisoire décréta un mode de remboursement qui, en violant la loi du contrat, faisait perdre aux créanciers du Trésor plus de 40 % de leur capital, car le remboursement se faisait au pair quand la rente était à peine au-dessus de 50 francs.

Garnier-Pagès dut bientôt recourir à la Banque de France pour lui demander un prêt. Le directeur, M. d'Argout, lui répondit par un exposé de la situation de cet établissement. Un rapport au ministre rendait compte des efforts tentés pour soutenir le commerce et l'industrie. Du 26 février au 15 mars, c'est-à-dire en quinze jours ouvrables, la Banque avait escompté à Paris la somme de 110 millions. Sur 125 millions qu'elle devait au Trésor, elle en avait remboursé 77 et, dans ce chiffre, n'étaient pas compris 11 millions mis à la disposition du Trésor dans divers comptoirs pour subvenir aux besoins urgents des services publics dans quinze départements.

La Banque avait de plus escompté 43 millions dans les quatorze villes où elle possédait des comptoirs. Enfin, par des escomptes effectués à Paris, elle avait empêché la suspension des paiements des banques de Rouen, du Havre, de Lille, d'Orléans, etc.

Du 26 février au 14 mars, l'encaisse de Paris avait diminué de 140 millions à 70 millions. « De nouveaux guichets d'échéance ont été ouverts pour accélérer le service, ajoutait le rapport. Aujourd'hui, 15 mars, plus de 2 millions ont été payés en numéraire. Il ne reste ce soir à Paris que 59 millions. Demain la foule sera encore plus considérable. Encore quelques jours et la Banque sera entièrement dépouillée d'espèces. »

III

La nuit même du 15 mars, qui suivit la rédaction et l'envoi de ce rapport, un décret fut rendu sur la proposition du Conseil général de la Banque. Il déclarait les billets de la Banque de France monnaie légale et, jusqu'à nouvel ordre, dispensait la

Banque de l'obligation de les rembourser. Mais, afin d'empêcher le discrédit de billets non échangeables contre espèces, le même décret renfermait dans d'étroites limites leur émission, dont le maximum fut fixé à 350 millions. Tous les billets des banques locales furent également transformés en billets de banque et reçurent ainsi un cours forcé.

Deux autres décrets vinrent malheureusement détruire l'effet favorable qu'auraient pu avoir ces dispositions. L'un demandait au pays l'avance de la totalité des contributions de l'année courante; l'autre établissait sur les quatre contributions directes un impôt extraordinaire de 45 centimes par franc.

Quelques commissaires extraordinaires en province ajoutèrent encore à cette mesure violente. Dans le Rhône, par exemple, un supplément de 50 centimes fut appliqué au principal des contributions. D'autres départements furent imposés de 15 à 20 centimes additionnels pour des services extraordinaires, notamment pour des ateliers nationaux.

IV

Le 4 mai 1848, le Gouvernement provisoire remit ses pouvoirs à une Assemblée constituante élue au suffrage universel, qui les confia à une Commission exécutive composée de MM. Arago, Garnier-Pagès, Marie, Ledru-Rollin et Lamartine; M. Duclerc fut nommé ministre des finances.

206.183.035 francs de crédits extraordinaires avaient été ouverts par le Gouvernement provisoire. M. Duclerc exposa à l'Assemblée qu'il comptait trouver 150 millions pendant les exercices de 1848 et 1849, sans nouvel impôt ni nouvelle adjudication d'emprunt. Il indiquait comme moyens un emprunt de 150 millions à 4 % à la Banque et des aliénations de forêts de l'Etat.

Une seule de ces ressources était sérieuse et pratique, c'était l'emprunt à la Banque, mais elle était dangereuse.

La Banque n'avait en réalité qu'un capital de 67.900.000 fr., en y comprenant la valeur morte de son immeuble. Sur ce faible capital, elle avait fait, par ordre exprès du ministère des finances, des avances et des déboursés pour 395.241.719 fr. 82 centimes. Il était imprudent de lui demander encore 150 millions de francs.

V

Il avait fallu donner de l'ouvrage aux ouvriers et on leur avait ouvert des ateliers dits nationaux, où la paye fut d'abord de 2 francs par jour, puis de 1 fr. 50, et enfin de 8 francs par semaine. On y vit accourir, pour avoir du pain, à côté du manœuvre et du terrassier, tous ceux qui, n'ayant pas d'épargne, ne trouvaient plus l'exercice de leur profession au milieu de la crise économique : l'ouvrier d'art, le charpentier, le mécanicien, l'artiste, le sculpteur, le publiciste harcelé par la misère.

Pendant le mois d'avril, la moyenne des engagements était de 2.000 à 2.400 par jour, et l'on dut bientôt renoncer à faire de nouvelles acceptations. Le chiffre total des hommes embrigadés fut de 119 à 120.000, et 50.000 autres demandaient à entrer.

Le 27 mai, M. Léon Faucher fit voter 10 millions pour la solde des ateliers nationaux; le 21 juin, 3 nouveaux millions furent encore votés pour cet objet.

Il était de toute nécessité de supprimer ces ateliers, qui absorbaient dans un travail inutile et illusoire des sommes immenses, en même temps qu'elles rassemblaient sur un même point des éléments de désordre. Un crédit de 150 millions fut proposé par la Commission exécutive pour faire renaître le travail dans le pays, et un décret fut rendu ordonnant la dissolution des ateliers nationaux.

Ce fut le signal de la guerre civile et, pendant quatre jours, que l'histoire appelle les *journées de juin*, on se battit avec acharnement.

VI

L'Assemblée nationale, victorieuse de l'insurrection, nomma chef du pouvoir exécutif le général Cavaignac, avec un pouvoir dictatorial. M. Goudchaux revint au ministère des finances.

Contrairement à son prédécesseur, il ne voyait de ressources extraordinaires possibles que dans la consolidation de la dette flottante, résultant de l'émission des bons du Trésor antérieure au 23 février, ainsi que de la créance des dépôts aux Caisses d'épargne, et dans le résultat de la négociation entamée avec la Banque de France.

Les ressources réalisables se réduisaient donc pour lui à 200 millions, qui devaient être absorbés en grande partie par le déficit de certaines recettes courantes ou par les dépenses nouvelles que la Chambre avait votées ou allait voter.

Telle était la situation financière au moment où Louis-Napoléon Bonaparte fut appelé à la présidence de la République, le 10 décembre 1848.

———×———

CHAPITRE V

La présidence de Louis-Napoléon

I. M. Goudchaux et M. Passy. — II. Les biens de mainmorte. — III. Réduction des crédits pour les travaux publics. — IV. Discussion sur la restitution des 45 centimes additionnels. — V. La Banque de France. — VI. Les budgets de 1850 et 1851.

I

Le 3 janvier 1848, quelques semaines avant la chute du Gouvernement de Juillet, M. Dumon, ministre des finances, avait présenté un projet de loi réduisant le prix du sel à 30 centimes par kilogramme.

Plusieurs projets dans ce sens furent repris au mois de décembre de la même année à l'Assemblée Constituante. Ils furent combattus par le ministre des finances, M. Passy, en raison de la situation financière, qui ne permettait pas, dit-il, de porter pareille atteinte au Trésor. Le budget des recettes ne serait que de 1 milliard 200 millions pour l'année qui finissait; celui de 1849 ne serait que de 1 milliard 300 millions, alors que le budget des dépenses dépasserait 1 milliard 800 millions. On allait terminer l'exercice de 1848 avec un déficit de 250 millions et commencer celui de 1849 avec un déficit de 200 millions. N'était-ce pas une grande imprudence que de réduire un impôt qui fournissait 70 millions au Trésor et de faire, de gaieté de cœur, abandon de deux tiers de son produit?

La réduction de l'impôt sur le sel n'en fut pas moins votée. Outre la perte matérielle de 46 millions enlevés au Trésor obéré, cette mesure causa encore au Gouvernement un préjudice moral. Elle fit renaître le doute et l'inquiétude en inspirant la crainte d'autres impôts destinés à combler le vide laissé par cette suppression.

M. Goudchaux, le précédent ministre des finances, avait songé à un impôt sur les revenus mobiliers, qu'il évaluait dans leur ensemble à 3 milliards pour la France. Il proposait de le fixer à 2 %, ce qui eût donné 60 millions, et d'en faire un impôt de répartition en prenant pour base l'impôt personnel et mobilier et celui des portes et fenêtres.

M. Passy se refusa à assumer la responsabilité du projet et le retira dans la séance du 16 janvier 1849. M. Goudchaux déclara qu'il le reprenait en vertu de son initiative parlementaire.

M. Goudchaux avait également proposé d'appliquer le système progressif à l'impôt sur les successions et les dotations et d'introduire différentes innovations dans l'assiette de cet impôt.

La proposition, renvoyée à l'examen des bureaux de la Chambre, fut rejetée sur un rapport de M. de Parieu, à une majorité considérable.

Au cours de la discussion, M. Stourm insista pour qu'on opérât des économies héroïques sur le budget. Il voulait réduire le nombre des fonctionnaires, l'armée, la marine, etc. M. Billault indiqua aussi le désarmement comme la grande ressource économique.

M. Passy menaça de se retirer si on lui demandait des réductions qu'il ne pouvait raisonnablement pas accorder : « Ou rendez-moi mes fonctions possibles, dit-il, ou je vais m'en démettre. »

II

Une taxe fut proposée sur les biens de mainmorte (1) pour représenter les droits de transmission entre vifs et par décès que ces biens n'acquittaient pas. Il y avait évidemment un inconvénient à laisser jouir d'une semblable immunité une masse de biens qui restaient dans une infériorité de production telle que, représentant près de 5 millions d'hectares, ou le dixième des propriétés imposables de la France, ils ne donnaient cependant qu'un revenu de 64 millions, c'est-à-dire un trente et unième du revenu général.

La taxe annuelle à percevoir devait être fixée à 5 % du revenu et son produit était évalué à 3 millions. En seconde lecture, le principe de la taxe fut voté et il fut décidé qu'elle serait calculée sur le pied de 62 centimes 5 millièmes pour franc du principal de la contribution foncière établie sur les biens de mainmorte.

III

Le parti avancé voulait des économies à outrance et fit supprimer une grande partie des fonds affectés aux travaux publics, que le gouvernement de Louis-Philippe n'avait pas eu le temps d'achever. Le service de la navigation fluviale fut diminué de 15 millions à 10; celui des canaux de 9.800.000 francs à 6.770.000 francs; celui des ports maritimes et des phares fut diminué de 4.269.000 francs sur une somme de 14.200.000 francs,

(1) On appelle ainsi les biens appartenant à un être moral qui ne meurt jamais et qui ne changent, par conséquent, jamais de propriétaire. Tels sont les biens des départements, communes, hospices, séminaires, fabriques, congrégations religieuses, établissements de charité, sociétés anonymes, etc.

réclamés par le ministre; les constructions de chemins de fer, au lieu de 88.700.000 francs, demandés par le ministre, ne reçurent qu'une allocation de 69.675.000 francs : « Ce sont les partisans du droit au travail qui demandent la suppression du travail », s'écria M. Grandin au cours de cette discussion.

Les Compagnies de chemins de fer avaient eu beaucoup à souffrir de la crise de 1848. Celle de Lyon, notamment, était dans la situation la plus précaire. Elle n'avait pu former son cautionnement et sollicitait l'annulation de ses engagements, qu'elle était dans l'impossibilité d'exécuter. Plus tard, au moment où les actions de la Compagnie étaient au plus bas, l'Assemblée législative prit l'affaire en main; un nouveau cahier des charges fut rédigé, de nouvelles conventions faites, une loi votée. Le lendemain, les actions haussaient, dans une seule bourse, de 400 francs.

IV

M. Mathieu (de la Drôme), au cours de la discussion du budget, fit connaître à quelles conditions, ses amis et lui, du parti qu'il appelait les républicains rouges, voteraient le budget. Ils exigeaient la suppression de ce qui restait encore de l'impôt sur le sel; la suppression en totalité de l'impôt sur les boissons; la restitution aux contribuables des 45 centimes additionnels perçus l'année précédente par ordre du Gouvernement provisoire

Cette dernière mesure ayant causé dans le pays un vif mécontentement, beaucoup de députés s'efforçaient de ramener l'opinion publique en imaginant divers moyens de rendre aux contribuables les centimes perçus.

M. Chavoix proposa de rembourser les sommes de 100 francs et au-dessus en rentes 5 %, et toutes les autres en titres collectifs de rentes 3 %.

M. Passy déclara qu'il n'y avait pas moins de 5 millions de contribuables auxquels les 45 centimes n'avaient pris en moyenne que 2 fr. 50, de telle sorte qu'il aurait fallu créer 5 millions de coupons de rentes de 20 centimes.

M. Flocon proposa, au lieu de rembourser en rentes, d'offrir le remboursement en six ans au moyen d'annuités applicables au dégrèvement de l'impôt annuel ordinaire; mais le budget ne présentant pas d'excédent de recettes, il en serait résulté qu'on aurait accordé par exemple, à un contribuable taxé à 190 francs d'impôt, un dégrèvement de 7 à 8 francs à titre de remboursement des 45 centimes, mais qu'on lui aurait demandé 7 à 8 francs de plus pour les besoins de l'exercice courant.

Ces amendements furent repoussés.

V

Au mois de mai 1849, l'Assemblée législative succéda à l'Assemblée Constituante.

Celle-ci, avant de se séparer, avait décidé que l'impôt sur les boissons serait aboli à partir du 1er janvier 1850. C'était diminuer brusquement les recettes de 100 millions. L'Assemblée législative s'empressa de rétablir l'impôt.

En déposant le budget pour 1850, M. Fould, ministre des finances, traça le tableau de la situation financière. Le déficit était considérable. Le ministre annonça un emprunt de 200 millions destiné à réduire la dette flottante de 550 millions à 350 millions et un impôt sur le revenu qui devrait rapporter 60 millions. Mais, ce dernier projet ayant été retiré, les lacunes du budget furent comblées par des réductions de dépenses sur le budget de la guerre et de la marine, ainsi que par une augmentation de recettes résultant du remaniement de quelques impôts.

En 1850 la constitution économique de la Banque de France fut ramenée à une situation normale. L'année 1849 avait vu l'élargissement de la circulation de la Banque. La loi du 22 décembre avait augmenté le maximum de 73 millions; on le porta de 452 millions à 525. On pouvait déjà douter que cette marge fût suffisante car, dans l'intervalle de 1847 à 1849, la moyenne circulation s'était accrue de 337 millions à 431, c'est-à-dire de 94 millions; mais il faut observer que la récente création des billets de 200 et de 100 francs avait beaucoup contribué à cette rapide augmentation des moyennes.

L'année 1850 vit aussi la fin d'un régime exceptionnel par l'abrogation du cours forcé et le rétablissement du paiement en espèces. Aucune limite ne fut plus imposée aux émissions.

VI

Le chiffre total des dépenses proposées par le Gouvernement pour 1850 s'élevait au chiffre total de 1.336.581.327 francs. La Commission porta ce chiffre à celui de 1.406.568.978 francs, y compris les travaux extraordinaires. C'était une augmentation de 69.987.651 francs. Le chiffre définitif des dépenses, adopté par l'Assemblée, fut de 1.434.634.027 francs, y compris les travaux extraordinaires. Une des principales réductions portait sur le budget de la guerre pour 11 millions.

Voici les totaux des chapitres des ministères à cette date :

Justice	20.571.345	francs.
Affaires étrangères	7.076.219	—
Instruction publique et cultes.	62.717.203	—
Intérieur	126.543.850	—
Agriculture et commerce	17.457.286	—
Guerre	307.524.628	—
Marine et colonies	106.449.413	—
Finances	28.050.160	—

La confiance commençait à renaître et la reprise déjà marquée du travail avait amélioré la fortune publique Le rendement des impôts indiquait un mouvement ascensionnel et le message présidentiel ne portait qu'à 400 millions le déficit de 1849. Il annonçait l'équilibre pour 1851, malgré un dégrèvement assez important des dernières classes de patentables et la remise de 27 millions sur l'impôt foncier.

Le 7 février 1851, M. de Germiny, ministre des finances, présenta ses prévisions pour l'exercice de 1852. Elles s'élevaient, quant au service ordinaire, pour les recettes à 1.382.663.416 fr.; pour les dépenses à 1.372.978.828 francs; il en ressortait un excédent de ressources présumées de 9.684.588 francs. C'était sur l'exercice précédent une amélioration de 5.547.339 francs obtenue par une augmentation de recettes montant à 11.283.688 francs, tandis que les crédits n'avaient été accrus que de 5.736.319 fr.

Les découverts des exercices antérieurs, ajoutés à ceux des années 1848, 1849, 1850 et 1851, s'élevaient à 646.873.600 francs, sur lesquels les découverts antérieurs à 1848 entraient pour 260.870.600 francs.

———×———

CHAPITRE V

Le second Empire

I. L'emprunt démocratisé. — II. Développement du crédit et de la spéculation. — III. M. Fould et l'opposition financière au Corps législatif. — IV. Le Mexique. — V. Le gouffre des dépenses publiques. — VI. La situation économique et le système financier.

I

Le 3 décembre 1851, M. de Morny était nommé ministre de l'intérieur et M. Fould prenait le portefeuille des finances.

Le 25 décembre un sénatus-consulte accordait au Gouvernement le droit de se mouvoir par voie de virement entre tous les chapitres des grands services ministériels, de manière à n'avoir en définitive d'autre limite obligatoire que le crédit total alloué par le vote du Corps législatif. Dans la discussion des crédits, les députés devaient accepter ou rejeter en bloc le budget de chaque ministère, sans en pouvoir disjoindre les différentes parties.

En 1854 éclata la guerre de Crimée, dont l'effet se fit sentir en France par un ralentissement du travail. Les récoltes furent mauvaises. Le pays, affecté dans ses deux sources principales de production : les céréales et le vin, eut à souffrir d'une élévation du prix des vivres. Le blé était d'autant plus cher que le marché d'Odessa était fermé. Le choléra vint encore ajouter ses ravages à tous ces maux et fit plus de 100.000 victimes.

Malgré cette crise, le produit des impôts s'élevait d'une façon continue et il ne cessa de donner des plus-values jusqu'à la fin de l'Empire. De 1852 à 1868, on observa, sur les contributions directes, une augmentation de 60 millions et, sur les contributions indirectes, une augmentation de plus de 500 millions. Le produit de ces dernières contributions atteignait, en 1868, le chiffre de 1.295.951.928 francs.

La marche des revenus n'était pas aussi rapide cependant que celle des dépenses causées par les expéditions militaires et les grands travaux publics.

Le principe de l'Empire fut de toucher le moins possible à l'impôt et d'user largement de l'emprunt, auquel il donna des procédés nouveaux.

Jusque-là les emprunts avaient été le privilège exclusif des grandes maisons de banque ou d'associations de capitalistes. C'est ainsi que les Gouvernements précédents s'étaient adressés aux maisons Baring et Hope, Hottinguer, Bagueault, Delessert, Rothschild. En 1854, lors du premier emprunt de 250 millions pour la guerre de Crimée, le grand financier Mirès (1) représenta à M. Bineau, ministre des finances, que le crédit était désormais assez solide pour pouvoir se passer des chefs de la finance et conseilla de supprimer l'intermédiaire entre le Trésor et le public en réservant à celui-ci les profits de l'emprunt.

Cet avis fut accueilli avec d'autant plus de faveur que le Gouvernement impérial vit dans ce mode de souscription un moyen de provoquer une manifestation populaire en faveur de son régime et de sa politique.

M. Bineau, dans l'exposé des motifs de sa décision, faisait observer que la rente avait cessé d'être, comme peu d'années

(1) Mirès a exécuté d'immenses travaux au moyen du crédit : ports, chemins de fer, etc. Sa fille avait épousé le prince de Polignac. Arrêté à la suite d'une plainte déposée contre lui, puis relâché, il a usé ses dernières années dans une interminable série de procès.

auparavant, presque exclusivement concentrée à Paris et dans le portefeuille d'un petit nombre de capitalistes. Elle se répandait désormais dans les départements et pénétrait jusque dans les fortunes les plus modestes.

En 1847, disait M. Bineau, il n'y avait encore que 207.000 rentiers, dont les trois quarts à Paris. En 1854, il y en avait 664.000, dont plus de la moitié dans les départements, et, parmi eux, il en était 94.000 dont la rente ne dépassait pas 20 francs. Les départements, pendant l'année 1853, avaient dépensé plus de 100 millions en acquisitions de rentes.

Le ministre, exposant ensuite les conditions de l'emprunt, laissait le choix aux souscripteurs entre deux taux : celui de 3 % et celui de 4 %, qui inspirait aux départements, disait-il, une préférence marquée. Le prix d'émission des rentes 3 % était fixé à 65 fr. 25; celui des 4 % à 92 fr. 50. Les souscriptions ne dépassant pas 50 francs ne seraient pas soumises à la réduction proportionnelle dans le cas où le montant des souscriptions dépasserait la somme demandée.

C'est ce qui arriva en effet. Les souscripteurs furent au nombre de 98.000 et la somme obtenue atteignait 467 millions.

La guerre se prolongeant, on fit, à la fin de décembre 1854, un second emprunt de 500 millions à 4 1/2 au prix de 92 francs et à 3 au prix de 65 fr. 25.

Quelques mois plus tard, un nouvel emprunt de 750 millions était autorisé (4 1/2 à 92 fr. 25 et 3 à 65 fr. 25).

La souscription resta ouverte du 18 au 29 juillet 1855. Le succès fut énorme. Le nombre des souscripteurs fut de 316.864 et le capital souscrit de 3.652.059.985 francs, sur lesquels 600 millions venaient de l'étranger.

Le *Moniteur* disait, à propos de ce système inauguré par l'Empire pour les emprunts : « En leur donnant pour la première fois le caractère démocratique, en appelant la nation tout entière à les souscrire, l'empereur a fait pour la rente ce que 1789 avait fait pour la terre; désormais le cultivateur et l'ouvrier ne sont pas moins intéressés que le capitaliste à la stabilité du crédit; désormais toutes les classes participent à tous les avantages comme à toutes les charges du pays. »

II

La base du crédit s'élargissait à tel point qu'on put asseoir d'autres emprunts également considérables sur les ressources du crédit public. Après la rente vinrent les chemins de fer : actions et obligations. Tous les capitaux enfouis se montrèrent au soleil et il n'y eut pas une commune de France où la cote de la Bourse ne rencontrât quelque intéressé.

La spéculation entra dans les habitudes de la population française. Les petites coupures d'actions de chemins de fer, la consolidation en rente des livrets de Caisse d'épargne répandirent, dans les classes moyennes et dans les départements les plus reculés, le goût des placements.

La création de 80 millions de rentes 4 1/2 % et 3 % résultant de l'emprunt contracté par l'Etat, les sommes empruntées par les départements et communes pour subvenir à de nombreux travaux d'utilité publique; enfin les appels de fonds adressés à la spéculation par les Compagnies de chemins de fer pour parvenir à l'exécution de nouvelles lignes, toutes ces causes réunies mais concurrentes produisirent, sur le marché des fonds, une fluctuation incessante. On vit, dans le seul mois de janvier 1856, le 3 % descendre de 71 fr. 40 à 61 fr. 50.

Le Gouvernement affecta de vouloir réagir contre le jeu sur les valeurs de bourse, et décida qu'aucune entreprise donnant lieu à une émission d'actions ou d'obligations ne serait autorisée pendant l'année 1856. Deux écrivains attaquèrent la spéculation : Ponsard, dans sa comédie : *L'Honneur et l'Argent*, et Oscard de Vallée, dans son livre : *Les Manieurs d'Argent*. Ils furent complimentés par l'empereur.

Le général Espinasse, ministre de l'intérieur, n'en invita pas moins, par une circulaire, les établissements de bienfaisance à convertir en rentes sur l'Etat leurs immeubles, d'une valeur d'environ 500 millions, et qui ne leur produisaient qu'un revenu d'à peu près 2 1/2 %. Les administrations des hospices s'émurent de cette singulière ingérence; leurs membres démissionnèrent en grand nombre et le clergé protesta vivement. Le projet fut retiré et Espinasse reçut un successeur (14 juin 1858).

III

Le Corps législatif manifestait, dans les débats de finance, une indépendance qu'il n'avait pas en matière politique. Plus d'une fois on y entendit formuler des critiques fort vives sur le système des virements, qui ne permettait pas la régularité ni la sincérité dans les comptes administratifs, et sur celui des emprunts, auxquels on avait trop fréquemment recours.

Le 5 janvier 1860, Napoléon III adressa à M. Fould, ministre d'Etat, une lettre qui exposait tout un plan de réforme financière et une doctrine économique nouvelle, fondée sur le libre-échange. On a appelé ce manifeste un coup d'Etat de l'empereur contre son propre gouvernement.

La situation des finances appelait du reste une réforme. Le député Larrabure, qui n'était pas un adversaire de l'Empire, faisait à la Chambre des constatations qui n'étaient pas rassurantes. On avait dépensé en quelques années 2 milliards 274 millions en dehors des ressources normales, et tous les budgets se seraient soldés en déficit si on n'avait pas eu recours aux crédits extraordinaires.

L'année suivante, M. Goüin montrait que l'équilibre du budget était fictif et que la dette avait doublé en six ans. Le budget augmentait d'exercice en exercice dans d'effrayantes proportions. En 1861, il était de 1 milliard 840 millions; en 1862, il serait de 1 milliard 929 millions.

On renouvela de tous côtés les plaintes fréquemment émises contre la façon de voter en bloc le budget des ministères, ce qui rendait toute discussion dérisoire, et l'on redemandait le droit de voter par chapitres.

Un député conservateur, M. Devinck, affirma que les ressources de la France, loin d'être inépuisables, étaient épuisées.

M. Fould, de son côté, adressa à l'empereur, en septembre 1861, un mémoire où il lui exposait qu'à la fin de l'année le découvert approcherait d'un milliard. Il proposait de renoncer aux crédits extraordinaires et supplémentaires, dont on avait abusé.

M. Fould fut alors appelé au ministère des finances, et un décret fut rendu portant qu'aucune dépense qui ajouterait aux charges du budget ne serait soumise par les divers ministères à l'empereur sans l'avis du ministre des finances (1er décembre 1861).

Le lendemain était présenté au Sénat un sénatus-consulte qui modifiait celui du 25 décembre 1852, sur le mode de votation du budget. On ne voterait plus en bloc, mais par section, le crédit de chaque ministère. Il n'y aurait plus de crédits extraordinaires et supplémentaires ouverts en l'absence des Chambres; mais on y suppléerait par la faculté que gardait le Gouvernement d'opérer des virements d'un chapitre sur un autre.

M. Fould avait déclaré que son programme tenait tout entier dans ces deux mots : « Ni emprunt ni aggravation d'impôts. »

Il fallait cependant trouver des ressources pour faire face aux nécessités de dépenses qui augmentaient sans cesse. M. Fould comptait les trouver dans un remaniement complet du budget; mais il ne put rester longtemps fidèle à sa devise. Le Gouvernement impérial ne renonça pas aux emprunts et il y eut encore recours pour la guerre du Mexique (300 millions); pour les travaux publics et la transformation de l'armement (429 millions), et enfin pour la guerre contre l'Allemagne (1 milliard).

Le 22 janvier 1862, M. Fould présentait à l'empereur un rapport où il proposait de combler les déficits par une augmentation d'impôts et de diminuer les découverts par une conversion facultative du 4 1/2 en 3, combinée de façon, selon lui, à être agréée des créanciers de l'Etat, tout en mettant à la disposition du Trésor une somme considérable. Le projet de conversion fut adopté par la Chambre dans la session ouverte le 27 janvier 1862.

Ne voulant pas toujours grever l'Etat en rentes perpétuelles, M. Fould avait conçu le projet d'émettre des obligations remboursables en un certain nombre d'années, d'après la pratique des grandes Compagnies et des villes dans leurs emprunts Il essaya de ce moyen à l'occasion des engagements pris par l'Etat vis-à-vis des Compagnies de chemins de fer, et on imagina les obligations trentenaires. Elles furent émises au nombre de 400.000, au capital nominal de 500 francs, avec un intérêt de 20 francs. Cette première émission ne fut pas offerte au public. Les obligations conservées dans le portefeuille du Trésor étaient remises aux Compagnies au fur et à mesure de l'avancement des travaux, et l'on remboursait successivement sur les fonds du budget courant celles qui sortaient au tirage. Une seconde émission, en 1861, de 300.000 obligations, faite par voie de souscription publique, produisit un capital de 131.373.240 fr.; mais ce système ne tarda pas à être abandonné, et l'on ordonna la conversion en rentes 3 % des obligations trentenaires non encore remboursées.

IV

Sur ces entrefaites, le Gouvernement impérial commit la faute de se laisser entraîner dans une expédition qu'on lui avait représentée comme facile et qui fut, au contraire, désastreuse.

Depuis de longues années, le Mexique était en révolution, et les changements de régime y étaient fréquents. Au président clérical et réactionnaire Miramon succéda le président républicain Juarez, qui refusa de reconnaître les dettes contractées par son prédécesseur, et qui suspendit pour deux ans les conventions par lesquelles le Mexique avait affecté le revenu de ses douanes au paiement de ses créanciers étrangers (17 juillet 1861).

Au nombre des créanciers du Mexique était un banquier suisse nommé Jecker, qui intéressa le duc de Morny au remboursement de sa créance, se montant à 75 millions [1], et, afin que le Gouvernement de l'empereur pût soutenir ses revendications auprès du Mexique, il se fit naturaliser français.

L'Angleterre et l'Espagne, dont un certain nombre de sujets étaient également créanciers du Mexique, s'unirent à la France pour réclamer le paiement de ce qui leur était dû et refusèrent la proposition des Etats-Unis qui, désireux d'écarter une intervention européenne en Amérique, offraient de garantir aux trois Gouvernements, pendant cinq ans, l'intérêt des dettes mexicaines; mais elles ne tardèrent pas, cependant, à traiter avec le Mexique et nous laissèrent seuls aux prises avec Juarez.

Nos troupes entrèrent à Mexico, et l'archiduc Maximilien d'Autriche ayant été élevé au trône du Mexique, un emprunt

(1) Ses prêts à Miramon avaient été fortement usuraires. Pour donner à celui-ci 750,000 piastres (environ 3,800,000 fr.), Jecker avait reçu 14 millions de bons du trésor.

pour son Gouvernement fut ouvert en France et reçut des autorités françaises les mêmes encouragements officiels que s'il eût été national. Les bureaux des recettes générales et particulières devinrent les bureaux de vente des obligations mexicaines qui furent entièrement prises par le public français.

Deux ans plus tard, Napoléon III, menacé d'une intervention des Etats-Unis au Mexique, dut en retirer ses troupes, et Maximilien, abandonné, fut pris et fusillé par Juarez.

V

L'expédition du Mexique avait ajouté ses dépenses à celles des travaux publics entrepris partout à la fois, à Paris et dans toute la France. En 1862, le budget se montait à 1 milliard 929 millions. Il était, pour 1863, à 2 milliards 64 millions. De nouveaux impôts devaient produire 62 millions. Mais le Mexique seul en avait dévoré 83 en 1862. Le budget de 1864 allait encore dépasser de 57 millions celui de 1863.

A la session inaugurée le 5 novembre 1863, M. Fould dut avouer un découvert de 972 millions et proposa un emprunt de 300 millions pour consolider une partie de la dette flottante. Il demandait en outre 93 millions de crédits supplémentaires.

Le rapporteur de la loi de ces crédits supplémentaires, M. Larrabure, s'exprimait ainsi : « La dette publique s'est accrue de plusieurs milliards. Nous empruntons toujours; nous n'amortissons plus. L'équilibre est depuis longtemps rompu entre les recettes et les dépenses annuelles. » Il constatait enfin que le Gouvernement n'observait pas les règles posées par le sénatus-consulte du 31 décembre 1861.

Dans la discussioen du budget, M. Thiers montra l'accroissement incessant des dépenses qui, de 1 milliard 500 millions en 1852 s'élevaient à plus de 2 milliards en 1864.

En 1865, le Gouvernement proposa deux emprunts : l'un de 250 millions, pour les travaux de Paris; l'autre de 270 millions, pour l'Etat. Il demandait en outre la faculté d'aliéner pour 100 millions de forêts de l'Etat.

M. Thiers, au cours des débats, montra, une fois de plus, l'énorme excédent des dépenses sur les recettes. Il était d'environ 300 millions.

La Chambre consentit à l'emprunt pour la ville de Paris; mais le Gouvernement dut retirer le projet d'emprunt pour l'Etat et celui de la vente des forêts.

VI

En 1867, le ministère fut modifié à la suite d'une lettre de l'empereur à M. Rouher, dans laquelle il proclamait l'Empire libéral. M. Fould quitta les finances, qui furent réunies au ministère d'Etat entre les mains de M. Rouher; mais, à l'approche de la session parlementaire, celui-ci se déchargea de ces attributions sur M. Magne.

Cette année, le Gouvernement avait présenté un projet de loi sur un nouveau crédit extraordinaire de 158 millions, pour couvrir les dépenses militaires faites en raison des craintes de complications européennes à la suite de la guerre entre la Prusse et l'Autriche.

En 1868, M. Magne annonçait, dans un rapport, un projet d'emprunt de 700 millions pour les travaux publics et l'armée; mais il restait à payer sur cette somme des dépenses de l'année précédente et, ces dépenses couvertes, il ne resterait que 440 millions à consacrer à l'objet de l'emprunt.

Le ministre avouait que les recettes avaient été au-dessous et les dépenses au-dessus des prévisions. Il évaluait la dette flottante à 936 millions.

Plusieurs orateurs, MM. Garnier-Pagès, Calley-Saint-Paul et Thiers, attaquèrent vivement, à cette occasion, les procédés financiers de l'Empire. M. Thiers, notamment, prouva qu'on n'avait cessé d'avoir 260 à 270 millions de déficit annuel et qu'on avait emprunté 4 milliards pour le dissimuler : « C'est la liquidation intermittente, dit Emile Ollivier. M. Fould liquide M. Magne; M. Magne liquide M. Fould. Si cela dure, on en viendra aux expédients, au papier-monnaie, à l'impôt sur la rente. »

Il n'y eut plus, jusqu'à la guerre de 1870, d'autre grand débat sur les finances, si ce n'est en 1869, à propos d'un traité de la Ville de Paris avec le Crédit Foncier [1], pour obtenir un emprunt de 465 millions.

VII

L'Empire, malgré les fautes énormes sous le poids desquelles il a succombé, n'en a pas moins ouvert pour la France une ère de grande prospérité économique et de progrès matériel. Il multiplia tous les moyens de trafic; les voies de communication furent améliorées et rendues plus nombreuses; la construction des chemins de fer fut terminée et complétée; Paris fut assaini, agrandi, percé de larges et nombreuses voies nouvelles.

Nous bénéficions aujourd'hui du résultat de ces dépenses qui, du moins, ne furent pas perdues comme celles des expéditions lointaines. Mais elles furent immenses. De 1852 à 1868, il fut jeté successivement dans le gouffre 252 millions provenant des sommes versées en remboursement par les Compagnies de chemins de fer; 40 millions fournis par la Société algérienne;

(1) Le Crédit Foncier et le Crédit Mobilier avaient été fondés au début du second Empire, dans le but de faciliter les opérations et les transactions à la propriété immobilière et mobilière.

57 millions de l'indemnité de guerre imposée à la Chine; 6 millions de l'indemnité cochinchinoise; 2 millions de l'indemnité du Japon; 6 millions de contributions extraordinaires de guerre de l'Algérie; 25 millions remboursés par l'Espagne; 51 millions remis par le Gouvernement mexicain; 37 millions 1/2 versés en exécution du traité de Miramar; 7 millions provenant de la refonte des vieilles monnaies divisionnaires d'argent, etc.

L'Empire eut deux fois recours à la conversion. Le 14 mars 1852, la rente 5 % fut convertie en 4 1/2, opération qui réduisit de 17.566.401 francs le chiffre des arrérages actuels que le Trésor avait à payer aux rentiers.

Le 22 janvier 1862, M. Fould proposa à l'empereur de diminuer les découverts par une conversion facultative des 4 1/2 et des 4 % en 3 %. Le résultat fut un bénéfice de 158 millions. Mais c'est en vain qu'on avait espéré convaincre tous les rentiers de l'intérêt qu'ils avaient à payer une soulte au Trésor pour continuer à jouir du même revenu. Il resta 40 millions de rentes 4 1/2 et 500.000 francs de 4 %.

Le Gouvernement de l'Empire eut aussi recours à la Banque de France et, à l'occasion du renouvellement de son privilège, il lui fit souscrire l'engagement de verser au Trésor un capital de 100 millions, moyennant paiement d'une rente annuelle de 4 millions par l'Etat.

On traita toujours l'impôt direct avec le plus grand ménagement. On s'était même efforcé de le rendre plus léger : l'impôt foncier avait été dégrevé de 17 centimes et une exemption du droit de patente avait été accordée aux ouvriers.

Les seuls impôts directs établis sous l'Empire furent la taxe municipale sur les chiens et celle des chevaux et voitures (loi du 2 juillet 1862). Le produit en était d'à peine 4 millions.

Dans le domaine des contributions indirectes, on éleva les droits de consommation sur l'alcool et l'impôt sur le prix des places de chemins de fer; on établit la perception d'un dixième sur le prix des marchandises transportées à grande distance; on augmenta d'un nouveau décime le principal des impôts et produits de toute nature soumis au décime par les lois en vigueur.

La loi du 27 juillet 1860 établit, en date du 1er août suivant, une taxe sur l'alcool et maintint le double décime sur les douanes. Le décret du 19 octobre 1860 éleva le prix de vente du tabac. Enfin, la loi du 2 juillet 1862 imposait de nouveaux droits sur l'enregistrement, le timbre et les sucres.

———×———

CHAPITRE VI

L'Indemnité de Guerre

I. Les conditions de l'indemnité. — II. La situation après la guerre. — III. Les deux emprunts et la libération. — IV. Les impôts de la rançon.

I

L'article II du protocole du 26 février 1871 portait : « La France paiera à Sa Majesté l'Empereur d'Allemagne la somme de 5 milliards de francs. Le paiement d'au moins 1 milliard aura lieu dans le courant de l'année 1871 et celui de tout le reste de la dette dans un espace de trois ans à partir de la ratification de la présente. »

La date et la forme des paiements étaient ainsi établies : 500 millions versés trente jours après le rétablissement de l'ordre dans Paris, 1 milliard dans le courant de 1871, c'est-à-dire dans un délai de huit mois; 500 millions le 1er mai 1873 et 3 milliards le 2 mars 1874. Les intérêts des sommes dues, calculées à 5 % par an, devaient être payés le 2 mars de chaque année.

C'était pour la France, en plus de son budget de dépenses, une somme égale au budget de 1869 à payer chaque année pendant quatre années consécutives. L'histoire ne présentait aucun exemple qui pût justifier une exigence aussi excessive. L'indemnité réclamée représentait plus du triple de ce que la guerre avait coûté aux Allemands. Ils n'en évaluaient pas eux-mêmes la dépense au delà de 1 milliard 500 millions.

Le publiciste allemand Wagner expliquait en ces termes la pensée politique qui avait inspiré ces conditions à M. de Bismarck : « La contribution frappée devait, par son énormité, exercer une pression sur les finances et l'économie entière de la France; elle appliquait à ce pays la peine d'une confiscation partielle des ressources nationales. »

Les économistes évaluaient à 5 ou 6 milliards la totalité des espèces d'or et d'argent circulant en France. Il semblait donc que le paiement d'une somme de 5 milliards dût épuiser toute notre circulation métallique et provoquer une crise économique qui achèverait notre ruine en nous acculant au papier-monnaie et à ses désastreuses conséquences.

Pour nous obliger à épuiser notre numéraire, le paiement des 5 milliards et de leurs intérêts n'était recevable ni en billets de banque français ni en aucunes valeurs françaises : titres de rente, actions et obligations, de quelque nature qu'elles fussent.

Le versement devait avoir lieu en or ou en argent, en billets de la banque d'Angleterre, de la banque de Prusse, de la banque royale des Pays-Bas, de la banque nationale de Belgique, en billets à ordre ou en lettres de change, valeur comptant sur ces mêmes pays. Toutefois, ces valeurs devaient être négociées par le Gouvernement allemand aux frais du Gouvernement français, qui n'était crédité que du montant net en thalers ou en florins produit par ces négociations, le change en thalers étant fixé à 3 fr. 75 et celui du florin à 2 fr. 15 centimes.

La seule facilité qui nous fut laissée fut d'imputer sur le second versement d'un demi-milliard les 325 millions auxquels fut évalué le réseau de voies ferrées situées en Alsace et en Lorraine, que la Compagnie de l'Est dut abandonner et dont l'Allemagne prit possession. Pour cette unique fois, il nous fut permis d'y joindre 125 millions en billets de la Banque de France, en sorte que ce demi-milliard n'exigea que 50 millions en numéraire.

La France avait en outre à sa charge l'entretien de 50.000 hommes et de 18.000 chevaux, qui devaient occuper une partie de ses départements jusqu'à complet acquittement de l'indemnité, dépense évaluée à 225.625.000 francs.

II

La situation économique et financière était telle qu'un rapport fait par M. Léon Say, au nom d'une Commission spéciale chargée de l'examiner, ne fut pas publié, dans la crainte de réduire le pays au découragement et au désespoir.

Les dépenses ordinaires pour 1870 avaient été arrêtées à 1.650.882.748 francs; mais la défaite avait renversé toutes les prévisions. Les dépenses du ministère de la guerre, qui n'avaient été prévues que pour 373 millions, s'élevaient à 1 milliard 129 millions; celles du ministère de la marine, estimées 162 millions, se montaient à 257 millions. Les dépenses de chaque jour, pendant la guerre, avaient dépassé 8 millions, et les dépenses extraordinaires de 1870, fixées à 123 millions par la loi de finances, étaient arrivées au chiffre de 623 millions. Il avait dû être ouvert, du 18 juillet 1870 au 20 février 1871, des crédits supplémentaires aux divers départements ministériels.

Pour faire face à ce déficit de 1 milliard 481 millions, on préleva 752 millions sur un emprunt de 750 millions contracté par l'Empire quelques jours avant sa chute, et dont le produit s'était élevé à 800 millions; on employa 248 millions sur les prêts consentis à l'Etat par la Banque de France (1); on aliéna les rentes de la Caisse de la dotation de l'armée et le produit de 68 millions fut ajouté aux ressources du budget extraordinaire de 1870, que vinrent encore augmenter 90 millions fournis par les départements pour les dépenses de la garde nationale mobilisée.

Enfin, les délégués du Gouvernement de la Défense nationale, à Tours, avaient contracté un emprunt. Privés du concours des grandes maisons de banque parisiennes, n'ayant pas à leur disposition le marché de la Bourse de Paris, sur lequel ils eussent pu négocier des rentes ou autres valeurs, ils avaïent dû s'adresser à l'étranger. Par traité du 24 octobre 1870, la maison Morgan et Cie, de Londres, avait souscrit ferme un emprunt de 250 millions représentés par 500 obligations au porteur d'une valeur nominale de 500 francs chacune, rapportant un intérêt annuel de 6 %, et remboursables en trente-quatre ans par un tirage au sort; il produisit au Trésor 202.024.770 francs, c'est-à-dire 404 francs par obligation.

Enfin on négocia, dans le public et à la Banque de France, des bons du Trésor pour une somme de 973 millions, et on acheva ainsi de couvrir à la fois le déficit et de parer aux dépenses entraînées par l'occupation étrangère et les ruines de la guerre civile.

(1) La Banque de France avait avancé 755,000,000 francs pendant la guerre. Pendant la Commune, elle prêta encore 565 millions, ce qui porta le montant de ses avances, en y comprenant 200 millions prêtés au Gouvernement impérial à 1,350 millions.

Ce fut en grande partie à la Banque que le pays dut de pouvoir traverser aussi aisément cette crise formidable. L'encaisse métallique se reconstitua très vite, grâce à la stabilité des billets de banque qui se maintinrent toujours au pair. La raréfaction des espèces fut momentanée et les métaux précieux ne firent prime que pendant une courte période.

III

Quant à l'indemnité de guerre, elle fut payée au moyen de deux emprunts.

M. Thiers en proposa d'abord un de 2 milliards 500 millions à l'Assemblée nationale qui, effrayée de l'énormité de ce chiffre, le réduisit à 2 milliards. Le taux d'émission en rentes 5 % était de 82,50, avec jouissance à partir du 1er juillet 1871. Le minimum de la souscription était de 5 francs et le versement de garantie 12 francs par chaque 5 francs de rentes.

Le succès fut prodigieux. Paris seul souscrivit 2 milliards 1/2. La province produisit 1 milliard 500 millions et l'étranger envoya 1 milliard.

Sur les sommes souscrites, le Gouvernement, outre le principal des 2 milliards, retint 225.994.045 francs pour frais de commission et de négociation, et, malgré ce prélèvement, il n'alloua aux souscripteurs que 45 % du montant de leurs demandes.

Le premier paiement à l'Allemagne eut lieu le 1er juin 1871. Quinze autres se succédèrent régulièrement par l'intermédiaire d'un agent financier français établi à cet effet à Strasbourg, et qui remettait les fonds à une Commission allemande chargée de vérifier et de donner reçu. Le quinzième, après le complément des deux premiers milliards, avait pour objet les intérêts des 3 milliards qui restaient dus. La totalité des versements en principal, intérêts et frais de négociation, s'élevait à 2.161.958.767 fr. 43. L'or français y avait figuré pour 109 millions et l'argent pour 63 millions.

M. Pouyer-Quertier, le ministre des finances qui avait négocié avec M. de Bismarck les conditions de l'indemnité de guerre, lui avait réclamé, pour le Gouvernement français, la faculté de devancer par des acomptes l'échéance finale de mars 1874, à la charge d'en donner avis trois mois d'avance. L'homme d'état prussien avait consenti avec un sourire de scepticisme à cette stipulation, dont il jugeait la réalisation bien improbable.

A la suite du succès qu'avait eu l'emprunt de 2 milliards, M. Thiers songea à en faire un second qui lui permettrait d'anticiper les paiements des trois derniers milliards et d'obtenir la retraite des troupes d'occupation avant la date fixée, comme l'avait obtenue le duc de Richelieu lors de la seconde invasion.

La souscription pour cet emprunt de 3 milliards fut ouverte le 28 juillet 1872. Elle était payable en vingt et un termes, dont le premier devait être versé en souscrivant et dont les vingt autres étaient échelonnés de mois en mois du 21 septembre 1872 au 11 avril 1874.

L'empressement du public dépassa toutes les espérances que la réussite du premier appel au crédit de la France, après la guerre, avait pu faire concevoir même aux plus optimistes. Cet emprunt colossal fut couvert quatorze fois.

Dès les premiers jours de mai 1873, le quatrième milliard était versé; mais, pour obtenir le départ des troupes allemandes en même temps que serait opéré le paiement du cinquième milliard, M. Thiers eut à vaincre la résistance de l'empereur Guillaume, qui croyait que la révolution éclaterait en France aussitôt après le départ de son armée. Les négociations aboutirent enfin et il fut convenu que le dernier versement du dernier milliard serait effectué en quatre paiements de 250 millions, les 5 juin, 5 juillet, 5 août et 2 septembre.

Ces termes de souscription à l'emprunt n'étant pas tous acquittés encore, le Gouvernement passa des conventions avec la Banque de France, qui lui fit une avance de 200 millions en or, remboursables au fur et à mesure des rentrées de l'emprunt.

Le 16 septembre, le dernier régiment allemand repassait la frontière. La France avait payé, en vingt-six mois, 5 milliards, auxquels il avait fallu ajouter 301.145.078 fr. 44 d'intérêts et 13.913.774 fr. 45 de frais de négociations.

IV

Prenant pour point de départ le budget de 1869, qui était de 1 milliard 850 millions, et faisant à l'Assemblée nationale l'énumération de ce qu'il y faudrait ajouter pour le service des emprunts contractés pendant la guerre et pour le paiement de l'indemnité, M. de la Bouillerie établissait la nécessité de créer 650 millions de ressources nouvelles (1) et de porter le budget à 2 milliards 500 millions, sans compter les 300 millions du budget départemental et communal.

Il fallait chercher des matières imposables. M. Thiers ne voulant pas frapper la propriété foncière, on dut recourir à un grand nombre de taxes dont beaucoup ne donnèrent que des résultats à peu près nuls.

L'Assemblée vota sur les cafés, les thés, les cacaos et une augmentation de droits de douane qui devait produire, croyait-elle, 51 millions, un accroissement des droits d'enregistrement et du timbre, dont elle attendait 94 millions; 3 décimes d'impôts sur le sucre; un décime sur le prix des transports par chemins de fer; des droits sur les allumettes, les papiers, la chicorée, les huiles minérales, les chevaux et les voitures, les cercles, les billards; un accroissement des contributions indirectes; une augmentation du prix des tabacs et de la poudre de chasse;

(1) Le service des nouveaux emprunts comportait 350 millions; il fallait 200 millions pour le remboursement à la Banque; 20 millions d'indemnité à la compagnie de l'Est pour ses chemins de fer perdus, etc..,

une élévation du port des lettres de 20 à 25 centimes et une augmentation des taxes postales.

De toutes ces taxes, qu'on estimait devoir produire 366 millions, et qui durent être remaniées à diverses reprises, les aggravations des droits d'enregistrement, du timbre, des contributions indirectes et des douanes donnèrent seules des résultats appréciables.

———×———

CHAPITRE VII

Les Finances contemporaines

I

L'histoire de nos finances, pendant les trente-cinq années qui se sont écoulées depuis la guerre de 1870, demanderait un long développement et comporterait des commentaires qui excéderaient les limites de cet ouvrage. La simple et sèche énumération des lois de finances votées depuis l'Assemblée Nationale réclamerait un volume égal en dimensions à celui que je termine.

Je ne puis me laisser entraîner si loin.

La liquidation de l'année terrible occupa l'Assemblée Nationale pendant tout le temps que dura le gouvernement de cette Assemblée, et il convient de rendre hommage à l'esprit de suite, à l'ordre rigoureux et à la capacité financière qu'elle apporta dans cette œuvre difficile.

En 1872, malgré la création de 400 millions d'impôts, elle était en face d'un déficit de 425 millions. En 1873, le déficit s'abaissait à 288 millions; en 1874, il n'était plus que de 75 millions, et, en 1875, le Trésor encaissait un excédent de 73 millions. En 1876, les dépenses s'élevaient à 2 milliards 680 millions et les recettes à 2 milliards 775 millions; l'excédent était de 95 millions.

M. Léon Say, ministre des finances à la fin de décembre 1872, qui avait eu à finir la liquidation de l'indemnité de guerre, était de nouveau ministre en 1878. C'est lui qui prépara en 1878, avec Gambetta et M. de Freycinet, un plan général de travaux publics pour la réalisation duquel furent créées des rentes 3 % amortissables.

Cette dernière mesure marqua un changement dans la politique financière de la France qui, jusque-là, n'avait été occupée que de réparer ses désastres.

Les partis d'opposition ont souvent critiqué les grands travaux de ce qu'on a appelé le programme Freycinet, depuis lesquels, disent-ils, nous avons cessé de voir nos budgets de recettes se solder en excédent; ils ont parlé de gaspillages et de dépenses électorales, comme si la France, renonçant désormais à tout progrès et à toute action dans le monde, eût dû se replier sur elle-même et vivre de sa propre substance, sans chercher à se créer de nouvelles richesses.

Le génie vigoureux et fécond de notre race ne pouvait accepter ce renoncement et cette abdication.

Après avoir reconstitué notre armement, il convenait de refaire aussi notre outillage industriel et commercial pour le mettre au niveau des nécessités de notre temps et de la concurrence entre les nations. C'est ainsi qu'on a creusé des ports, des canaux, racheté ou exécuté des lignes de chemins de fer; c'est ainsi également qu'on a fondé un magnifique empire colonial et qu'on a répandu dans toutes les classes de la nation l'instruction, le bien-être et les facilités de l'épargne.

Ce n'était là, suivant un mot célèbre, qu'un placement de père de famille et dont un avenir prochain nous donnera le bénéfice.

Mais la discussion de ces questions relève du domaine de la polémique. Elle sortirait de l'esprit et du plan de cet ouvrage.

Je me borne à faire cette constatation consolante que la race des grands financiers n'est pas éteinte dans notre pays et que, dans la succession de nos ministres des finances, il s'en est trouvé, comme MM. Léon Say et Rouvier, dont les noms pourront être placés par les historiens de l'avenir à côté des plus illustres ministres du passé qui sont cités dans ces pages.

C'est un témoignage que rend aussi le développement pris par nos grands établissements de crédit, tels que :

La Banque de France,
Le Crédit Foncier,
La Banque de Paris et des Pays-Bas,
Le Crédit Lyonnais,
Le Comptoir National d'Escompte,
La Société Générale,
Le Crédit Industriel et Commercial,
La Banque Parisienne,
Et tant d'autres.

Par leur intelligente et habile direction, par l'impulsion qu'ils ont donnée aux affaires, par les progrès auxquels ils ont puissamment contribué, les chefs éminents de tous ces établissements financiers ont droit, eux aussi, à la reconnaissance du pays et mériteront l'éloge de l'Histoire.

LISTE DES MINISTRES DES FINANCES

depuis 1870

MM. Ernest PICARD, 4 septembre 1870.

POUYER-QUERTIER, 25 février 1871.

DE GOULARD, 8 mars 1872, ministre de l'agriculture, intérim, nommé aux finances, 23 avril 1872.

TEISSERENC DE BORT, 17 avril 1872.

Léon SAY, 7 décembre 1872.

MAGNE, 25 mai 1873.

MATHIEU-BODET, 20 juillet 1874.

Léon SAY, 10 mars 1875.

CAILLAUX, 17 mai 1877.

COLLART-DUTILLEUL, 23 novembre 1877.

Léon SAY, 14 décembre 1877.

MAGNIN, 29 décembre 1879.

ALLAIN-TARGÉ, 14 novembre 1881.

Léon SAY, 30 janvier 1882.

TIRARD, 7 août 1882.

CLAMAGERAN, 6 avril 1885.

SADI-CARNOT, 16 avril 1885.

DAUPHIN, 11 décembre 1886.

ROUVIER, 30 mai 1887.

TIRARD, 12 décembre 1887.

PEYTRAL, 3 avril 1888.

ROUVIER, 22 février 1889.

ROUVIER, 6 décembre 1892.

TIRARD, 12 janvier 1893.

PEYTRAL, 4 avril 1893.
BURDEAU, 3 décembre 1893.
POINCARÉ, 23 mai 1894.
RIBOT, 26 janvier 1895.
DOUMER, 28 octobre 1895.
Georges COCHERY, 29 avril 1896.
PEYTRAL, 28 juin 1898.
CAILLAUX, 22 juin 1899.
ROUVIER, 7 juin 1902.
MERLOU, 18 juin 1905.

TABLE DES MATIÈRES

TROISIÈME PARTIE

La Révolution et l'Empire

QUATRIÈME PARTIE

Les Temps modernes

OBERTHUR. RENNES—PARIS (402-05)

IMP. OBERTHUR, RENNES—PARIS

www.ingramcontent.com/pod-product-compliance
Ingram Content Group UK Ltd.
Pitfield, Milton Keynes, MK11 3LW, UK
UKHW020311230726
13925UKWH00002B/341